教育学の基礎
Foundations of Educational Research

原 聡介 [監修]
田中智志 [編]
高橋 勝
森田伸子
松浦良充

一藝社

読者のみなさまへ

　諸学問の基礎論をしっかりした執筆陣で出版したいという一藝社・菊池社長らしいアイデアを受け、近年、領域を広く取って教育学のありかたを精力的に問いつづけている田中智志教授に編者をお願いした。

　田中氏が選定した執筆者4人の学者は、いずれも基礎論の分野で現在第一線に立っている人たちである。このとびきりの執筆者たちが今日の教育の基本問題に切り込むための核心的な論考をし、かなり質の高い内容のものが出来上がったと思う。

　社会の基本的機能である教育について、誰でも意見が言え、批判ができることは当然のことであり、望ましいことだが、今日の錯綜した教育学の状況は実はそう簡単ではない。それをさばき分けるためには、一定の哲学的、歴史的、社会学的、比較教育的教養が必要である。

　本書の構成は、このような教養領域に順序づけられた形になっているが、さらに各章をよく読むならば、それぞれの章がさらにこれらの教養に裏打ちされた内容になっていることが理解できると思う。

　その意味では、今日の教育に意欲的に取り組む学生たちおよび教育に強い関心をもつ一般の人々にとっては、格好の教材として十分耐えうるものになっていると確信している。

2011年1月

監修　原　聰介

はじめに——教育学の役割

教育という営みの奥深さ

「教育」と呼ばれている営みは、幅広いが、やはりその中心に位置しているものは、学校教育であろう。それは、幼稚園に始まり、大学(院)にまで及ぶ。

例えば、学校教育の中心は授業であるが、一度でも教壇に立ったことがある人ならわかるように、授業という営みは一筋縄ではいかない難物である。子どもたちは、何を言い出すかわからないし、一生懸命に授業プランを準備しても、とんでもない方向に話が脱線することもある。ひどいときには、子どもたちがめいめい自分勝手なことを言い始めてしまい、いわゆる「授業崩壊」に陥ることもある。

しかし、不思議なことに、先生が「授業崩壊だ」と思った時間ほど、子どもたちの学びが深まっていたりする。次の時間になると、子どもたちが、自分から課題を定めて、またグループを作って調べ、学習を始めることすらある。子どもたちの学ぶ力は、教育者の予想を常に超えるダイナミズムをはらんでいる。その意味では、教育方法は、「方法」でありながら、「マニュアル」には成り難いようである。

教える前の知見の大切さ

また、教える内容にしても、なかなか難しい問題をはらんでいる。なるほど、教える内容は、学習指導要領、教科書によっておよそ決められてはいるが、実際のその中身は、教師の力量しだいで、平板なものにもなれば、豊かなものにもなるのである。

教える内容は、教える人の経験と知識によって、言い換えれば、教える人の準備によって大きく変わる。それは、ただ問題の解き方や言葉の意味といった形式的な内容になることもあれば、人間・社会・世界の真実をかいま見せるという深く濃い内容になることもある。後者の場合、子どもたちは、現実世界の仕組みをただ追認し、それに向けて準備するのではなく、現実世界の仕組みを正しく認識し、その変革に向かう力をつけていくのである。

　もちろん、教師は、授業のプログラムである「指導案」を、入念に準備し、わかりやすく、奥深い授業をしようと心掛けている。しかし、指導案を書くときだけ一生懸命になっても、いい指導案は書けないし、子どもに深く訴えかける授業はできない。破綻のない授業展開を計画するだけでなく、授業の内容である「単元」に関係する幅広く深い知見が必要なのである。

　教える内容を深めるための知見を身につけるためには、教師自身が自分の眼でいろいろなことを見て、またさまざまな書物に親しみ、普通の人が見逃しているものを見る必要がある。言い換えるなら、教育者ではないときの、人間としての生き方が大切になるのである。

教育学研究法の課題

　たしかに、教育については、だれもが自由にオープンに議論できる土俵があるべきである。しかし、それと同時に、建設的にポジティブに議論するための土俵も必要である。なるほど、教育は、なかなかとらえがたく、教育者にどこまでも幅広く深い知見を要求するが、いつでもどこでも十全に適用できるような万能の教育方法は存在しない、と言わざるを得ないだろう。しかし、それでも、教育の事実

を正しく認識し、問題を的確に構成し、現実的な解決策を考える叡知は、存在するはずである。教育学という学問は、こうした叡知の集成であろうとしていると、私は考えている。

したがって、本書の目指すところは、教育にかかわる法令・省令・通達などをただ解説することではない。教育に関する諸事実を正しく認識し、また問題を的確に把握し、実効性のある政策を方向づける思考方法を示すことである。それは、一言で言うならば、人が人としてより良く生きるための叡智を目指す教育学研究方法の基礎である。

さて、教育学の中身は、さまざまな方法でカテゴライズできる。例えば、教育原理、教育実践、教育課程、学校経営、授業研究、児童生徒論といった分け方は、よく知られている。このような教育の構成要素それぞれについて、研究法を設定することもできるが、教育学理論に基づいて、研究法を設定することもできる。

教育学研究の四つのカテゴリー

教育学理論を踏まえて研究法を設定する方法も、いろいろ考えられるが、さしあたり、次の四つにカテゴライズしてみたいと思う。

○ 教育人間学的な研究（教育哲学・教育人間学）
○ 教育内容的な研究（教育内容論・教育思想史）
○ 教育社会学的な研究（教育社会学・教育社会史）
○ 政策科学的な研究（比較教育学・国際教育学）

それぞれの研究法は、それぞれに厳密な概念を用いている。概念にとらわれすぎてもよくないのだが、厳密な概念を適切に用いることこそが、現実を厳密にとらえるとともに、無用な曖昧さや危険な

誤りを排除し、的確な代替案を生みだすと考えられる。言葉を厳密なものに変えることによって、ドラスティックではないにしても、教育の現実が着実によりよいものへと変わっていく、ということが可能になるはずである。

　単なる理想主義でもなく、また単なるリアリズムでもなく、リアルな事実認識の上に果敢に理想を掲げるというスタンスが、今の教育には求められている。教育学は、こうした地に足をつけた志の真摯な先鋒であるべきだと考える。

2011年2月

編者　田中　智志

目　次

読者のみなさまへ……3

はじめに──教育学の役割……4

第1章　学校という空間〜教育人間学の視界から〜……11

第1節　学校という空間〜〈まなざし〉が構築する場所〜……12
1．重層的空間としての学校
2．社会化というパースペクティヴ
3．「関係の生成」というパースペクティヴ

第2節　学校空間の揺らぎ……20
1．「文明化の物語」の舞台
2．「文明化の物語」の揺らぎ
3．「文明化の物語」の終焉

第3節　学校空間への人間学的な問い……32
1．機能空間から意味空間へ〜「文明化」以後の学校
2．異質な他者と出会う空間
3．生成するトポス＝対話空間の創出
4．公共空間としての学校
5．学校＝〈世界へのかかわり方〉を編み直すトポス

第2章　知識の教育……45

第1節　学校教育における「知」の形〜知恵・知識・情報〜……46
1．「学ぶ」こと
2．理解＝知識の特徴

第2節　思考の訓練のための知識教育
　　　　　〜精神の形式としての知〜……60
1．古代ギリシアの自由学芸

2．中世の「三学四科」
　　　3．ポール・ロワイヤルの普遍文法と論理学
　　　4．現代における新しいリテラシーと思考力
　第3節　事物の写しとしての知〜世界観と知識〜…… 75
　　　1．スコラ学批判
　　　2．ルネサンスと百科全書的知識
　　　3．コメニウスの『世界図絵』
　　　4．啓蒙時代の『百科全書』
　　　5．現代の百科全書
　第4節　人間とは何か〜ヒューマニズムと知識教育〜…… 94
　　　1．「善き文学」の教え
　　　2．ルネサンス教育への批判
　　　3．近代的自我と文学
　　　4．現代における人間形成の問題

第3章　教育システム〜社会の中の教育〜…… 111

　第1節　教育と機能的分化…… 112
　　　1．教育システムとは何か
　　　2．知的成長と学力形成
　　　3．人間的成長と人間形成
　　　4．評価と選抜
　　　5．現代の社会構造
　第2節　教育と所得格差…… 132
　　　1．格差が問われる社会とは
　　　2．所得格差の現実
　　　3．教育と所得格差
　　　4．教育と目的合理性
　　　5．教育格差の是正と自由の平等
　第3節　教育とグローバル化…… 153
　　　1．グローバル化にどう対応するか
　　　2．グローバル化
　　　3．教育のグローバル化

    4．グローバル化の負の効果
    5．グローバルな学びへ

第4章 戦略的教育政策・改革と比較教育というアプローチ……173

第1節 制度としての教育と教育改革…… *174*
1．社会制度としての教育
2．教育改革の時代
3．教育改革の動向
4．初等中等教育課程の改革動向
5．「学力」調査の影響力

第2節 比較教育というアプローチ…… *195*
1．教育の国際性
2．一つの文化としての「教育」
3．比較教育への関心
4．教育学にとっての比較教育

第3節 教育政策と教育学…… *216*
1．教育改革と教育政策
2．教育政策の世界的動向
3．日本における「分権化」と「政策」概念の転換
4．教育政策の持続可能性
5．証拠に基づく教育政策

第 1 章

学校という空間
～教育人間学の視界から～

高橋　勝

第1節 学校という空間
～〈まなざし〉が構築する場所 ～

1．重層的空間としての学校

〈まなざし〉が構築する場所

　人間形成の場所といえば、現在では誰でも、まず学校を思い浮かべるにちがいない。そこには教室や校庭があり、児童・生徒がいて、机と黒板がある。教室では教師が教壇に立って、教科書を片手に何かを教えている場所、これが学校の原風景である。したがって、人間形成の主要な場所とは学校なのだと思うのは、ごく当然のことと言えるかもしれない。

　そう考えるならば、教育学とは、こうした学校における授業や生活指導の内容や方法を研究・開発して、その目的をしっかりと達成させるための学問である、ということになる。つまり教育学とは、教育の目的とその達成手段との因果関係を明らかにする一種の技術学であり、実践学なのだという見方が成立する。技術的実践学としての教育学、これは現在における教育学の一つの領域であることは疑いないので、この考え方をすべて否定することはできない。

　確かにコメニウス（Comenius,J.A.1592～1670）以来、教育学は劣悪な社会的環境に放置された子どもを、実社会から引き離して保護し、収容した施設で、劣悪な環境に置かれてきた子どもたちに、広

い世界の見取り図を教えることに腐心してきたという経緯がある。つまり狭い日常経験から脱却させるための学習を保障しようとしてきた。これが教授学（Didactica）の始まりであり[1]、近代の教育学（pedagogy）も、この文脈の中で形成されてきたと言ってよい。

　しかし、そうなると子どもが日常生活を送る学校以外の場所、例えば家庭、地域社会、遊び場、学習塾、さらにはテレビ、モバイル機器、インターネットに代表されるメディアなどの諸空間は、教育学の研究対象から外されてしまうことになる。学校だけが、教育学の研究対象のすべてということにもなりかねない。現代社会における子どもの育ちの現実から考えてみても、これは確かに非現実的で、狭すぎる見方である。

　冒頭の問いに戻るが、人間形成の場所は、果たして学校だけなのかと考えると、決してそうではないことは明らかである。子どもが日常生活を送る家庭、遊び場、学習塾、地域社会はもとより、変動の激しい現代社会や国際社会、そしてそれを伝えるメディアの報道も、子どもたちに大きな影響を与えている。子どもは日常的に、親、兄弟、友達、学校の教師たち、学習塾の教師たちとかかわり合って生活しており、その日常の「かかわり合い」そのものが、子どもの生活感覚や価値意識に深く影響を与えていると考えられる。むろん、ここには教育的意図は含まれていないが、子どもが暮らす「社会的世界」（soziale Welt, social world）の日常が日々刻々構築されていることに変わりはない。

　そこで、第1節では、こうした無意図的で機能的な人間形成作用の働きに焦点を当てながら、学校空間の人間形成機能とは何かを考察していきたい。学校を、教育行政や教師の教育的意図によって、

一元的に統制される空間として見る見方をいったんカッコに入れて、教師、子ども、保護者、地域住民、教育行政の担い手など、さまざまな〈まなざし〉によってその空間が構築され、それらの〈まなざし〉が交差し、互いに矛盾したり、葛藤したりしながら教育行為が遂行されていく現場として、学校空間をとらえ直していきたい。すなわち学校という場所を、幾重もの〈まなざし〉によって重層的に構築され、矛盾や葛藤をはらみながら生成していく空間として考察していくことにしたい。

　これは現象学的社会学の視点からのアプローチということができるが、こうした生成論的、構築主義的視座に立つことによって、これまで一枚岩にしか見えなかった、学校空間の多元性と重層性を解読することが可能になる。こうした人間学的な見方は、後述するように文明化＝近代化の装置としての学校という側面ばかりではなく、文明化以後の教育と学びを模索する流動性と更新性の中の学校空間を考える際の重要なヒントを与えてくれるはずである。

2．社会化というパースペクティヴ

社会化理論

　子どもは、親、兄弟、近所の友達、地域の大人たちと日常的なかかわり合いを繰り返す中で、言語、生活習慣、価値観などをごく自然に身につけていく。このさまざまなかかわり合いによる人間形成の成り立ちを説明する際には、これまで2つの見方が提示されてきた。「社会化」（socialization）として人間形成を説明する機能主義的見方と、「関係の生成」（creation）として説明する現象学的見方である。

まず第1に、家族や学校を個人に先立つ一つの集団としてとらえる見方があり、その集団が有する規範・価値観・行動パターンなどが、その参加者に無意識的に内面化されていくプロセスを「社会化」と呼んでいる。人間形成における社会化の機能を強調した、社会学者のデュルケム（Durkheim,É.1858～1917）はこう述べている。

「教育とは、まだ社会生活の面で成熟していない世代に対して、成人世代が加える作用である。教育とは、全体としての政治社会、またとくに子どもが予定されている特殊な環境が、子どもに対して要求する一定の肉体的、知的および道徳的状態を子どもに生じさせ、発達させることを目的とする。もっと簡潔にいえば、『教育とは、若い世代の一種の社会化（socialisation）に他ならない』」[2]

デュルケムは『教育と社会学』(1922年)の中で、ルソー（Rousseau,J.J.1712～78）、カント（Kant,I. 1724～1804）、スペンサー（Spencer,H.1820～1903）などの、近代の個人主義的教育思想の系譜に連なる思想家たちを、ことごとく批判の対象としている。彼らは教育行為を子どもの内なる素質の開発（development）と見なし、農村共同体からの個人の離脱と自立を促すことが、教育行為の課題と見なすという共通点がある。これは、確かに近代教育思想に共通するベクトルであるに違いないが、そこでは意図的な「教育」（education）が強調されることによって、逆にそれまで農村共同体が維持してきた、人間形成の働きである伝統的慣習や儀礼などの有する「社会化」機能の重要性が見落とされる結果を招いた、とデュルケムは考えた。

デュルケムが指摘するまでもなく、子どもは家族、学校、地域社

会という集団の中で生活する過程で、それぞれの集団の有する独特の規範、価値観、行動パターンなどを内面化させていく。この無意識的な内面化作用を、デュルケムは「社会化」として説明し、この社会化過程をもって、人間形成そのものの過程に置き換えようとしたのである。

　デュルケムのこの社会化理論は、現代の言語社会化論や再生産理論にもつながる重要な視点が含まれている。しかし、ここでデュルケム理論の難点を1つ指摘しておくとすれば、集団が実体視されており、集団の持つ流動性や可変性、そして個人の集団形成への関与が過小評価されているという点にある。個人は集団という母体の従属関数にすぎない位置づけになってしまっている。デュルケムは、近代の啓蒙主義的教育観、個人主義的教育観を批判するあまり、逆に集団を実体視し、集団の存続と増殖のみに力点を注ぐ人間形成論に陥ってしまったとも言える。ここでは、学校という空間も閉じた空間として不動視され、可変性や発展性への可能性が閉ざされることになるだろう。

3.「関係の生成」というパースペクティヴ

関係が生成する場所

　子どもが家庭、地域社会、学校で生活し、発達を遂げていくありさまを記述するもう一つの有力な方法は、現象学（Phänomenologie 独，phenomenology 英）の方法である。現象学とは、ドイツの哲学者、フッサール（Husserl, E. 1859～1938）が「厳密な学としての哲学」を基礎づけるための方法として樹立したもので、ここでは近代科学のよ

うな〈主観-客観〉図式ではなく、相互主観的（intersubjective）に構築される（constructed）世界の様相と、それを紡ぎ出す意識の働きを記述することに学問の主眼がおかれる。

　フッサールによれば、意識とは必ずある特定の何かについての意識（Bewusstsein von Etwas）である。ある特定の「何か」を志向しない意識というものはありえない。その「何か」を意識するということは、その「何か」を前景に引っ張り出し、「何か」以外のものを背景に押しやることにほかならない。その「何か」は、必ず状況や文脈の中で意味を持つものとして輪郭を与えられている。つまり意識とは一対一対応の個別対象の把握では全くなく、常に一定の状況の理解を下地とするものである。下地（地）なしには、形（図）は見えてこない。図と地の関係において、人は世界を理解していく。理解するという行為には、必ずコンテクストを構成するという働きが内在している。したがって、厳密に言えばこうなる。人は世界を静的に「認識する」のではなく、常に意識構成的に「理解する」のである、と[3]。

　この現象学の方法を用いて、子どもの世界理解を記述していくならば、家庭、地域社会、学校における生活は、デュルケムの記述とはまるで一変するはずである。家庭は親の振る舞いや言動を、子どもが無意識に内面化させていく場所ではなく、子どもが親とかかわり合い、相互作用を繰り返しながら、その世界を構築していく場所になる。地域は大人の価値観や規範を子どもに伝承していく場所ではなく、遊び仲間や大人たちとかかわり合いながら、それぞれの社会的世界を構成していく場所になる。当然学校もそうである。学校とは、教師と子ども、子どもと子どもがかかわり合いながら、子ど

もの知的、道徳的世界と身体的振る舞いが、相互主観的に構築されていく空間である。

現象学の方法で学校を見るならば、そこには教師の〈まなざし〉、子どもの〈まなざし〉、保護者の〈まなざし〉、そして教育行政や地域からの〈まなざし〉が錯綜して絡み合い、それらの視線が混在するダイナミックな動的均衡の中で、学校空間の「日常性」が構築されているという現実が見えてくる[4]。学校の現実は、さまざまな〈まなざし〉によって構築されているのである。

後述するように、ある時期までの日本の学校は、広い意味での「文明化の物語」というコンテクストで理解され、子どもの知的啓蒙と国民国家形成という〈まなざし〉が強力であり、教育行政や教師による上からの啓蒙の場所として理解されてきた。他方、子どもや保護者の側は、学校を、社会的上昇の機会が均等に保障される場所として受け止めることで、「文明化の物語」に積極的に関与してきた。教育行政や教師と子どもや保護者の〈まなざし〉の違いは、双方の利害を包括する「文明化の物語」の中でうまく包摂され、同床異夢の形で学校空間の物語が構築されてきた。「文明化」という大きな物語を、国家と国民、教師と子ども、保護者が共に受容し、共に支えることで、学校空間は驚くべき高度の均衡を保ってきた。この均衡は、戦後の混乱期から高度経済成長期が終息するまで続いた[5]。

ところが、日本が高度経済成長を達成し、高校進学率が90％を超え、学校の威信が絶頂に達するかに見えた1970年代半ば頃から、「文明化の物語」に揺らぎや軋み、さらには疑念が生じるようになる。次節では、この時期から目立つようになった、学校空間の揺らぎや軋みと、その原因を考えていくことにしよう。

【文献】

(1) ヨハン・アモス・コメニウス/鈴木秀勇訳『大教授学』[Ⅰ・Ⅱ]（世界教育学選集）明治図書出版、1962年
(2) エミール・デュルケーム/佐々木交賢訳『教育と社会学』誠信書房、1969年、pp.2-3. socialisation はフランス語で、英語は socialization である点に注意。
(3) エドムント・フッサール/細谷恒夫・木田元訳『ヨーロッパ諸学の危機と超越論的現象学』中央公論社、1995年、p.306
(4) ピーター・L・バーガー、トーマス・ルックマン/山口節郎訳『日常世界の構成―アイデンティティと社会の弁証法』新曜社、1977年
(5) 山崎正和『文明としての教育』新潮社、2007年、p.116

第2節　学校空間の揺らぎ

1.「文明化の物語」の舞台

文明化の物語

　戦後日本の学校をめぐる状況を振り返ってみると、ある時期を転換期として、保護者の学校への見方が大きく変わってきたように見える。戦後の復興期から、高度経済成長期に至るまでは、学校は社会進歩の担い手であり、工業型社会への通路であり、文明の最先端を走る場所と見なされてきた。親にとってはもとより、子どもにとっても「学校に通うこと」や「教育を受けること」は進歩する社会、高度な科学・技術社会に入るためのチケットを獲得することに等しく、実に誇らしい響きを含んでいた[1]。

　戦前には高嶺の花であった中等教育や高等教育を受けられるということ、またそれに連なる初等教育の階段を上るということは、農林漁業、炭坑などの第一次産業が、日本の就業人口の過半数を占めていた時期まで（ほぼ1950年頃まで）は、光輝く文明への階段を登るに等しい誇らしげな感覚を人々に与えてきた。もっとも当時の親や子どもの生活感覚からすれば、文明への階段というよりも、むしろ貧しい生活から抜け出すための社会的上昇や成功への階段を登ると言ったほうが、よりリアルな感覚に近かっただろう。

読み書き算（3R's）を学び、科学を学習し、諸学問の基礎を学ぶことは、半農村的な日常生活に必要というよりも、むしろ大都市に出て、科学・技術によって成り立つ新しい工業型社会に参加するために必要な条件であった。学校は読み書き算の力（リテラシー）の獲得を踏み台にして、親と子どもに未来の豊かな文化的生活を保障する場所として理解されてきた。

　科学・技術社会の実現、民主化の推進、学力の獲得と将来の生活保障という、国民にとって切実な願いや要求のすべてが、学校という場所に集約されていた。こうした学校が威信を持たないはずはない。これはかつての日本に限らない。発展途上国と称される貧しい国々において、学校は国家統治の上からは、近代化と国民国家形成のための重要な機関であると同時に、親や子どもの〈まなざし〉からすれば、貧しい生活から抜け出す手助けをしてくれる重要な階段の一つである。これを一言で言うとすれば、「文明化の物語」の舞台としての学校ということになる。この「文明化の物語」が国家や国民を魅了していた時期は、学校と教師は人々から仰ぎ見られる尊敬と憧憬の対象であった。子どもが学校に通うことは誇りであり、進んだ文明に参加するという特権的意味を共有していた。

　ところが、日本社会が近代化（modernization）をほぼ達成し終えた1970年代半ばを端境期として、学校への〈まなざし〉が徐々に変容する。日本の高校進学率が、90％を超えたのは1975年である。そして、ちょうどこの時期に、第三次産業就業人口が50％を超える。文明は未来志向の工業型社会から徐々に現在志向の情報・消費型社会に移行する。高度経済成長の達成によって、それまでは学校が独占してきた未来社会、知識、新しい世界への階段という「文明化の

物語」の価値が飽和状態に達する。科学・技術社会の実現、民主化の推進、学力の獲得と将来の豊かな生活の保障という「文明化の物語」が約束していた価値を、ことごとく充足させてしまったからである。それまで国民を魅了していた物語の魅力と磁力が、色あせてしまったのである。

　学校に通うことをもはや特権や誇りとしてではなく、義務や拘束としてしか感じない子どもたちが出現するのは、ちょうどこの時期（1975年前後）からである。不登校、怠学、高校の中途退学などの「学びからの逃走」（佐藤学）が目立ちはじめるのである[2]。

不登校者数の激増

　下記の棒グラフは、不登校者数の変遷を示したものである〔文部科学省「学校基本調査」より〕。

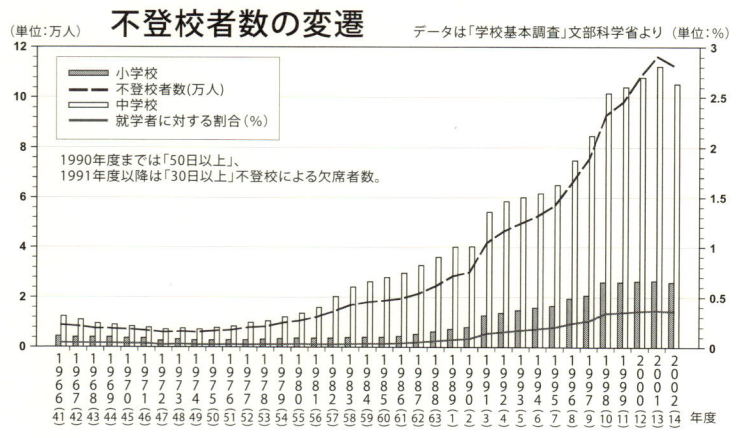

このグラフを見ると、不登校者数は、小・中学校ともに1970年代半ばまでは減少傾向にあり、1974年が最低で、小・中学生の合計で約1万人以下である。ところが、その後、不登校者数は年々増加の一途をたどる。2007年度の文部科学省の調査によれば、小・中学校の不登校者数の合計は、129,254人にも上り、このグラフの上限単位（12万人）を突破している。この数は、1974年の数値の約13倍にも達しており、中学校では、ほぼ34人に1人、つまり1クラスに1人の割合で不登校者がいることになる。

　学校は、なぜこうした状況を生み出すことになったのか。学校施設の状態や教師の力量が年々低下してきたからであろうか。学校の教育力の低下を指摘する向きもあるが、筆者の考えは全く逆である。変わったのは学校ではなく、保護者と子どもを含む社会の側の〈まなざし〉の方である。学校を見る社会の側の〈まなざし〉は、1980年代に徐々に、しかしドラスティックに変貌した。情報・サービス・対人関係・流通を主な職種とする第三次産業就業人口が、50％を超えたのは1975年である。ちょうどこの頃から、日本は目に見えない形で工業型社会から情報・消費型社会に移行する[3]。

　工業型社会までは、大人も子どもも学問と集団生活を、将来の生活準備に必要な要件として受け入れる感性がはぐくまれているが、情報・消費型社会は未来志向ではなく、現在の生活そのものをエンジョイする感性を生み出した。未来・努力・勤勉・集団という工業型社会のエートス（生活倫理）が魅力を失い、個性、自分らしさ、選択、自己実現といった新しい「消費の物語」が、大人や子どもを魅了する時代が到来したのである。そのことは、文部科学省の行政文書にも反映され、第16期中央教育審議会の第一次答申（1996年）でも

謳われた「自分さがしの旅を扶ける」⁽⁴⁾教育の時代が始まったのである。

そこでは、みんなで一緒によりよい社会を創るために努力しようという集団志向、未来志向、勤勉志向の「文明化の物語」は完全に色あせて見える。むしろ嘲笑の対象にすらなる。集団否定と努力回避の風潮は、現在のテレビの娯楽番組を見れば、どこにでも満ちあふれている。

ある時期から子どもたちにとって学校は、もはや未来のバラ色の生活を約束してくれるのもではなくなり、今の自分の個性、自分らしさ、自己実現を単に抑圧するだけの、息苦しい空間として受け止められるようになった。社会の変化と共に、大人と子どもの学校を見る〈まなざし〉自体が著しく変容してきたのである[5]。

2.「文明化の物語」の揺らぎ

学校空間の揺らぎ

戦後の日本の学校は、敗戦後の復興期から高度経済成長期に至るまでは、教師、子ども、保護者、そして教育行政担当者を含めて「文明化の物語」を共有していた。旧文部省と日教組の路線の対立はあったとしても、共に「文明化の物語」にくみしていたことは明らかで、学校だけが子どもの発達を保障する場であり、学校に通うことは、子どもの社会的自立に不可欠な学習を保障する、放棄できない権利であると認識していた点でも共通である。それは、知識・技能を身につけ、一定の学力を獲得することによって、はじめて工業型社会という「文明」に参加できる力が得られるからである。学校

に通うことは、誇りであり、権利であり、未来への不可欠なパスポートとして見なされてきた[6]。

それは、学校が、社会進歩、経済発展、科学技術の振興、都市化という、大きな「文明化の物語」の一翼を担っており、子どもが学校に通うということは、未来の文明社会に参加する意欲と力を身につけることに他ならないと、信じて疑わなかったからである。学校は、進歩する社会を実現するための一つの機関であり、いわば「文明化の装置」でもあったのだ。

すでに述べたように、学校という空間は、教育行政、教師、子ども、保護者という、それぞれに異なった〈まなざし〉で構築されている。しかし、社会が近代化する時期には、社会進歩とそれを担う子ども、つまり未来を担う子どもという進歩主義の物語が強固に構築され、差異があるとすれば、それは子どもの未来をどう考えるかという問題に落ち着く。現在よりも未来、遊びよりも学習、個人よりも集団という、未来志向の物語が強固に形成され、広く行き渡る。子どもが夢見る未来と、教師が子どもに期待する未来は同じベクトルにあり、社会進歩や発達の価値が疑われることはない。

もともと近代学校は、近代国民国家が、文明化の装置として制度化したものであるから、文明化の物語が、教師、親、そして子どもたちを魅了している間は、そこに亀裂が生じることはない。〈まなざし〉の間に著しい矛盾や齟齬というものが生じない。学校は遅れた地域社会を啓蒙し、遅れた地域に住む子どもを、輝かしい未来へと送り届ける場所であったからである。

こうした物語が揺らぎ始めるのが、1970年代半ばからである。戦後、それまでは減少傾向を示し続けてきた長期欠席児童・生徒の

数が、ほぼ1974年を境に増加に転じ、その数はうなぎ上りで、前述のように、2007年度では不登校の児童・生徒の数は、約13万人にまで達した。その理由はさまざまであるが、1つだけはっきりしていることがある。それは、不登校の子どもは、自分の意志で学校に行かないことである。

1970年代前半までの長期欠席児童・生徒の場合は、主に農村地域の家庭の貧困が、子どもを家庭内労働に縛りつけ、学校に通う子どもの足を引っ張っていた。子どもたちにとって、学校に通えることは解放であり、喜びでもあった[7]。それは「文明化という物語」に参加できることの喜びであり、進歩する社会に参加できる喜びでもあった。この時期には、学校空間の色調は、未来を象徴するスカイブルーのようにみずみずしく彩られ、子ども、教師、保護者の〈まなざし〉は輝かしい未来に向けられていたのである。

すべての子どもにすべてのことを教えるという、コメニウス教授学のパラダイムの有効性は、「野蛮から文明へ」という人類史の大きな物語が下支えしてきた。知は力なり。子どもが、農民、職人、貴族という身分制度の中に埋め込まれる他はない時代には、子どもを人間や市民にまで教育してくれる学校は、それだけで遅れた地域社会に対する優越性を保持することができた。

子ども・テクスト・教師というトライアングルのいずれが頂点に位置づけられようとも、学校に対する信頼は揺らぐことはなかった。戦後の教育界では、児童中心主義か、教師の指導性かという議論の対立が繰り返されたが、子どもを文明化するという学校の役割を疑う者はほとんどいなかった。子ども・テクスト・教師のいずれが授業の中心を占めようとも、教室では、遅れた地域社会を先導する文

明化の営みがあると見なされてきたからである。すなわち「文明化の物語」が、親、子ども、地域住民を魅了し、学校の威信を支えてきたのである。すべての子どもに一定の読み書き能力と学力を保障する学校の権威を疑う者は、ほとんどいなかった。

3．「文明化の物語」の終焉

情報・消費型社会へ

　戦後の日本社会が大きく変貌する1970年代半ばに、公立高校の教諭として教壇に立ち、いわゆる教育困難校と呼ばれる学校で、生徒たちの著しい変化に直面した諏訪哲二（1941～）は、多くの自著で、その変化を引き起こしたものは何かを問うてきた[7]。1970年代後半から1980年代にかけて、しだいに変貌を遂げていく生徒たちの様子に、最初は首をかしげ、理解に苦しむ状態が続いたが、ある時期に至って、やっとその理由が飲み込めるようになったと記している。

　生徒が変化したのは、子どもや学校をも包み込む現代社会そのものが、「産業社会」から「消費社会」に大きく転換してきたことによるところが大きい。諏訪はこう説明することで、「産業社会的な子ども」とは質的に異なった「消費社会的な子ども」の出現を実にリアルに記述している。

　それ以前には、諏訪自身もグルーピングされる「農業社会的な子ども」の存在がある。これは村落共同体のタテ社会の共同生活のスタイルを色濃く染みこませた、年功序列行動で特徴づけられる生徒類型である。

戦後生まれの「産業社会的な子ども」にとって学校とは、産業社会で働くための準備をする場所であり、農村社会的な地域から離脱して、学力形成と学年別の集団形成に適応し、そうした「学校共同体」の一員であることに誇りを持つ子どもたちである。ここでは教師は、農業社会におけるほどの高い権威は持たないとしても、社会や学校という集団を担う教師たちに対して、生徒たちは敬意を払ってきた。産業社会、地域社会、学校共同体という集団の存在が、教師たちの威厳を背後で支えてきたからである。

　ところが、すでに述べたように、1970年代後半から日本社会は、ポスト産業社会、情報・消費型社会に突入する。そこでは、消費者としての個人の感覚や選択が最優先される。それまでは村落共同体であれ、産業社会であれ、集団への帰属によって有形無形の形で自己規制されてきた個人が、消費社会化の浸透とともに、そうした集団の規制がほどけ、いわばむき出しの個人、つまり集団を分母としない「私人」が誕生する。消費社会は、共同体、集団、他者というものを、初めから意識しない「肥大化した自己」「閉ざされた自己」を生み出した。消費社会の大波を浴びて育った1980年代以降の生徒たちにとっては、初めに「かけがえのない私」があるのは、当然の感覚である。他者は不在であり、せいぜい私によって選択される存在にすぎない。そこでは農村社会や産業社会にあった、相互性や共同性という自己規制の感覚が見事に欠落している。

　学校共同体が消え、教室の秩序が保てず、教師の威信が低下し、不登校や引きこもりの子どもが一向に減少しないのは、学校が消費社会という大海に浮かぶ孤島に近い状態になったからではないか、というのが諏訪の主張であり、筆者も大筋で同感である。著書『学

校はなぜ壊れたか』(1999年)には、この大変革期に遭遇した教師たちの悪戦苦闘ぶりが、痛々しいほど克明に記述されている。それは、筆者の言葉で言い換えれば、「文明化の物語」の威信と磁力が大幅に低下してきた事態に他ならない。それは学校空間への〈まなざし〉が「文明化の物語」から「消費の物語」に取って代わられる時期の学校である。

　1970年代からの不登校の児童・生徒の激増と子どもたちの「学びからの逃走」、イリッチなどに代表される脱学校論[8]の流行と、学校批判の潮流などは、決してバラバラに生じた現象ではなく、「文明化の物語」の磁力低下と「消費の物語」の台頭と広がりがもたらした現象として理解することができる。

「消費の物語」の広がり

　それでは、1980年代から社会全体に広がりを見せてきた「消費の物語」は、保護者や子どもたちにどのような影響を与えてきたのか。その主な特徴を個条書きで記しておきたい。

(1) 学校に通い、〈学校知〉(school knowledge) を獲得することによって「文明化の物語」に参加し、解放感と達成感を感じ取る子どもから、学校で学ぶことの意味がわからなくなった子どもが出現する。

(2) 学びの制度化、方法技術化の進行により、子どもの生活と学びの間に著しい乖離が生じる。

(3) 「文明化の物語」の限界が見えはじめ、学びが公共的性格を喪失して、個人の私的利益に還元されるものという観念が広がる。

(4) 学校に対する保護者の〈まなざし〉が、尊敬と畏敬の念から、消費者としての要求、注文、クレームの姿勢に変わる。子どもの教育を、学校にすべてお任せ状態の保護者はほとんどいない。学校運営協議会の設置に見られるように、地域住民や保護者が、学校長の運営を監視し、精査して、評価し、教職員の採用・任用に関しても関与できる体制が生まれている。

(5) 保護者・地域住民の学校運営への関与によって、教師の教育的権威は低下せざるをえない。第三次産業の広がりとともに、教育もまたサービス行為の一つであるという偏った見方も広がりを見せている。

(6)「文明化の物語」の飽和状態によって、子どもが学校で学ぶべき教育内容とその根拠がますます輪郭を失う。「新しい学力観」「自ら学び、自ら考える」などのスローガンの広がりとともに、教育行為が次第に「自己学習論」やその「援助論」に変質していく。

(7) 自己学習の浸透によって、「自己実現」や「自分探し」「自分らしさ」「自己アイデンティティ」追求が、子どもの学びを動機づける究極の物語となる。そこでは、知識・技能の獲得のための修養と訓練が消滅し、自己の世界に介入する「他者」もまた不在である。

こうした学校の現状を踏まえて、次節では、これからの学校空間の再生の方途を探っていきたい。

【文献】

(1) 吉田甚蔵『青年の成功、官費貸費私費、各種実業学校教示』日本図書センター、1905年
　　寺崎昌男編『なぜ学校に行くのか』(日本の教育課題) 東京法令出版、2000年、p.208
(2) 佐藤学『学びから逃走する子どもたち』岩波書店、2000年
(3) 高橋勝『情報・消費社会と子ども』明治図書、2006年
(4) 文部省「21世紀を展望した我が国の教育の在り方について―第16期中央教育審議会第一次答申」ぎょうせい、1996年
(5) 高橋勝『文化変容のなかの子ども― 経験・他者・関係性』東信堂、2002年
(6) 無着成恭編『山びこ学校』岩波書店、1951年
(7) 諏訪哲二『学校はなぜ壊れたか』筑摩書房、1999年、p.49
(8) イヴァン・イリッチ/東洋訳『脱学校の社会[22版]』東京創元社、1989年

第3節　学校空間への人間学的な問い

1．機能空間から意味空間へ～「文明化」以後の学校

機能空間から意味空間へ

　教育人間学とは、東西の冷戦状態が続く1960年代の西ドイツ（当時）において、近代科学とマルクス主義を共に相対化する方法原理として提示された教育学の一領域である。その理論的指導者であったボルノー（Bollnow, O.F.1903～91）は「開かれた問い」の原理の下に、近代科学とマルクス主義の科学性、学問性を疑問視し、生の哲学と解釈学を基礎とする教育人間学の方法を提示した。そこではヘルバルト的な連続的発達観が批判され、生の連続性に対する非連続性、科学的因果性に対する存在論的偶然性、若さに対する成熟と老い、進歩に対する生の危機、理性に対する気分、陶冶（Bildung）に対する出会い（Begegnung）、未来志向の「時間」に対する現在志向の「空間」、というように近代教育学の〈まなざし〉とはまるで異なった教育学の新しい視界が提示された[1]。

　こうした問題意識を底流に受け継ぎながらも、1990年代から、ヴルフ（Wulf, Ch.1944～）、レンツェン（Lenzen, D.1947～）、カンパー（Kamper, D.）などのベルリン自由大学で教育哲学を講ずる、いわゆるベルリン学派は、さらに英米の文化人類学、フランスの構造

主義とポスト構造主義を基盤とした歴史的教育人間学（Historische Pädagogische Anthropologie）を提唱してきた。そこでは、すべての教育現象を、歴史的に構築され、生成してきた構築物として理解する方法が提示されてきた[2]。

ヴルフなどの歴史的教育人間学の方法によりながら、1980年代以降の日本の学校空間をとらえ直してみると、次のようなことが言える。それは学校空間を構築する物語として、「文明化の物語」だけでは、もはや十分機能しがたい困難な状況が出現したという点である。言い換えると、社会進歩や「文明化の物語」の威信にはもはや依存できなくなり、根底からそのレーゾン・デートル（存在理由）の立て直しを迫られているのが、現在の学校の偽らざる現状である。

明治期以来、「文明化の装置」として続いてきた学校は、これからどのようにすれば再構築できるのか。あえて比喩的にいえば、学校は、明治期以来の「近代学校」が、ポスト産業社会に見合った「現代学校」に生まれ変わるための産みの苦しみの途上にあるといっても過言ではない。本節では、学校空間の再構築に向けた重要なヒントと考えられる、いくつかの人間学的視点を提示しておきたい。

他者と学び合う学校

西洋近代というモダンの実現を手本として誕生した学校は、工業化の段階を乗り越えて、世界が同時進行するグローバルな情報社会、消費社会の中で、どのような役割と使命を新たに見いだすのか。この問題は、私たちはこれからの社会をどう構想すべきなのか、という論点と深くかかわる問題である。

とはいえ「文明化の物語」を、その役割を終えたとして、まるご

と否定し去ることはできない。なぜなら、現代社会は、広く見れば文明化の恩恵を受け、近代文明によって高度に機械文明化された社会だからである。その意味では、学校における「文明化の物語」の役割は、まだ終わってはいない。子どもがいて、学校が存続する限り、この物語は今後も、学校教育学を基礎づける通奏低音であり続ける。

　それでは学校は、「文明化の物語」を再び持ち出して、学校や学びから逃走する子どもたちに再度「勉強」と「学力向上」を強要すればよいのかといえば、決してそうではない。文明化によってもたらされた予期せぬ副産物としての環境汚染や南北格差の問題、市場競争と消費社会がもたらす公共性の解体と、大人・子どもの孤立化という新しい事態を学校はしっかりと見据えていく必要があるからである。つまり文明化以後の人間学的諸問題をしっかりと視野に組み入れた、新しい学校空間の構築が期待されるのである。

　現代の子どもが消費社会の大波に洗われているとすれば、公共空間としての学校は、窓のないモナド（単子）のように自閉して浮遊する個人を、しっかりと他者につなげる役割が期待されるはずである。ボルノーが指摘したように、他者と出会い、他者とかかわり合い、他者と共に学び合う空間として、学校を再構築していく必要がある。

　学校空間を、定められた目的を効率的に達成するだけの機能空間としてではなく、諸関係の生成というパースペクティヴからとらえ直す時期にきているのではないか。生成する教室、生成する学校。学校という場所を、子ども、教師、保護者、地域社会の〈まなざし〉が交差し、共鳴し合ったり、ときには衝突したりしながらも、ダイナミックな均衡と自己変成（メタモルフォーゼ）を遂げていく空間としてとらえ直していくことが必要である。

2．異質な他者と出会う空間

他者と出会う場所

　農耕型社会から工業型社会へ移行する時期には、村落共同体における倫理が残存し、同時に文明化によってもたらされた、民主主義という生活スタイルへの期待も強く働いていたから、個の自立は、他者の存在を排除するものとはなり得なかった。実際に工業型社会は、生産優位の社会であるために、学校、企業、地域社会は、仲間との助け合いや地域住民の相互扶助によって成り立っていた。学校、企業、地域社会という集団は、そこに所属する個人を緩やかに囲い込み、その中で母集団のつながりを前提とした個の自立が目指されてきたということができる。高度経済成長期までは、このように集団に見えざる形で支えられた個の自立が志向されてきたと言える。

　ところが日本が情報・消費型社会に移行する1970年代後半から、学校、企業、地域社会では、〈生産のまなざし〉が弱まり、〈消費のまなざし〉が日々刻々強化されるようになった。この時期以降、大人たち自身の〈まなざし〉が、生産者・労働者として社会を見るのではなく、消費者として社会を見るように変容していく。豊かな未来社会を目指して、共に働き、共に学ぶという生き方が薄れ、現在の「簡単便利な社会」[3]のメリットをどう利用・享受し、どう「自己実現するか」という消費者感覚が、大人ばかりでなく子どもの世界にも深く浸透してきた。

　この消費者感覚は、他者から切り離された個人の独自な世界を深める（例えば青年の「サブカル」化や「オタク」化）と同時に、他者

そのものが見えなくなる感覚をも生み出してきた。「身近な仲間以外はみな風景」(宮台慎司)といった他者不在の感覚が醸成されやすい[4]。

ある時期までは、緩やかな共同体に包まれて自立を目指すことができたが、消費社会の浸透とともに、共同性の基盤自体が崩壊し、社会学者のバウマンが言うように、社会全体が流動化して輪郭を失い、「液状化」しつつある[5]。個人は脱文脈化されて、その液状化し、流動化する社会をあてどなく漂流する一枚の木の葉にすぎないかに見える。しかしながら、生活状況という文脈や他者という存在を欠いた状態で、子どもが成長できるとは到底考えられない。

学校とは、人種、階層、文化、ジェンダーなどを異にした、さまざまな個人が集まり、その多様性を生かしながら、バラバラに浮遊する液状空間ではなく、他者を承認しつつ相互の学び合いを通して、よりよいコミュニティ (community) 作りを目指す空間でなければならない。「異質な他者」と出会う重要な場所として、学校をとらえ直していく必要がある。学校を広くとらえるならば、同世代ばかりでなく、乳幼児から高齢者に至るまで、多世代間の相互行為が生まれうる空間であり、そうした意味での公共空間 (public space) としての機能を果たさなければならない場所である。

そこでは、教師の一元的モノローグ (monologue) に子どもが付き合うのではなく、子どもと子ども、子どもと大人たちがそれぞれの世界のとらえ直しをめぐって対話し、それぞれの世界が再構築されるダイアローグ (dialogue) の空間であることが求められる。

3．生成するトポス＝対話空間の創出

対話する空間

　教育人間学的に言えば、学校空間とは、教師、子ども、保護者、教育行政、地域社会などの多元的な〈まなざし〉の交差によって織りなされる織物であり、日々刻々その色模様を変えていくダイナミックな生成体である。そこでは、教師、子ども、保護者の関係、子ども同士の関係、教師同士の関係（同僚性）というように、〈関係〉〈他者〉〈対話〉〈生成〉ということが、新しい学校空間を創出する重要なキーワードになる。

　こう見てくると、学校空間の特質と独自性は、古代ギリシャ語のトポス（τόποσ、tòpos）という言葉で言い表すのが最もふさわしいと考えられる。トポスとは、ある特定の土地や場所を言い表す古代ギリシャ語である。オックスフォード版『稀英辞典』（Greek-English Lexicon）をひもとくと、τόποσ の意味は、次のように説明されている。①場所、地点、スポット、②立場、ポジション、③人の集まる場所、地域[6]。

　この説明を見ると、トポスとは、場所、地点を示しているが、それは３次元の単なる立体空間、無機的空間ではなく、人々の集まる場所であり、地域を指している。この語は「話題」を示すトピックス（topics）の語源ともなっている。そこでは人々が集まり、話題が生まれ、対話が交わされる。人々の言葉によってその世界が構築される空間、それがトポスである。したがってトポスは、ニュートン物理学のいう無機質的な「等質空間」では全くない。それは人々

の対話によって構築され、変容し、生成していく言説空間でもある。

トポスとしての学校

　学校空間のありようを考えるとき、このトポスというギリシャ語は多くのヒントを与えてくれる。哲学者の中村雄二郎は、そのトポス論において、物理学的空間論ではなく、古代ギリシャのトポス論を踏まえた空間論を展開するにあたり、トポスという言葉が含む重要な意味として、以下の３点を挙げている。①存在の根拠としてのトポス、②身体的なものとしてのトポス、③象徴空間としてのトポス、がそれである[7]。

　①存在の根拠としてのトポス

　それは人間の意識の隠れた存立基盤をなす共同体や集合的無意識の世界であり、フッサールの言う「生活世界」が相互主観的に（intersubjective）形成される場所を表している。人間は具体的な場所を欠いた抽象的理性の世界に生きているわけではなく、常に相互主観的に構築された生活世界に生きている。意識とは、この具体的で相互的な生活世界を足場として生まれ、その場所を立脚点としている。

　②身体的なものとしてのトポス

　私たちが生きる場所は、すべて身体感覚によって無意識的に分節化され、意味づけられる。世界は、のっぺりとした白紙として現れるのではなく、感覚的になじんだもの、不快なもの、身近なもの、疎遠なものという遠近法で立ち現れるが、その原初の分節化を行うのが身体である。つまり人が住む場所は、原初的には身体による分節化によって身分けられる（市川浩）ものである[8]。

③象徴空間としてのトポス

　トポスは常に他者と共有される。他者との対話によってその空間が立ち現れる場所がトポスである。そう考えればトポスとは、他者とのやりとりや相互作用によって意味が構築されてくる場所を表している。そこは単独者やモノローグの場ではない。象徴的な意味空間が構築される場所が、トポスなのである。

　中村のこの説明を踏まえて言うならば、学校空間を上記の条件をすべて含み込んだトポスとして理解することが可能である。すなわち異質な他者との対話によって構築され、新しい意味が絶え間なく発生し、生成していく場所、これが学校である。

　そこでは固定化された価値観やモノローグが支配することはない。教師が提示する教材は、子どもがそれを頭に詰め込み、記憶すべき材料ではない。むしろ多面的に吟味され、点検され、追試され、検証されるべきものである。異質な他者とのダイアローグによって、多面的・重奏的に生成していくトポスこそが、これからの学校空間を特徴づけるものとならなければならないであろう。

　異質な他者とのダイアローグが、なぜそれほど重要なのか。それはトポスを閉塞化させず、むしろ開かれたものとしてダイナミックに流動化させることで、その場所を構築する個々の子どもたち、教師たちの世界へのかかわり方を更新できるからである。子どもたちが世界にかかわる〈まなざし〉を更新し、蘇生させ、新しい地平に開かれること[9]、また、そうした学びが生き生きと展開できる場所であることが、まさに文明化後の学校というトポスに「学校というトポス」は期待されているのである。

4. 公共空間としての学校

公共空間

　前述のように、教育人間学的に見れば、学校はそれぞれが一つのトポスとして立ち現れる。そこでは、さまざまな〈まなざし〉が交差し、混じり合い、対話の舞台が構築されていく場所である。逆に言えば学校は、さまざまな権力の執行や〈目的－手段〉の効率的経営という一元的な〈まなざし〉で管理され、透視される単一空間にはなりきれないという特徴を持つ。いかなる外部的・内部的な力によるものであれ、学校が一元的言説（モノローグ）によって封印されることがあるならば、その生きたトポス性は解体され、死んだ機能空間だけが残されることになる。

　その意味でも、学校は多元的な〈まなざし〉によって構築され、次世代の国家や社会を担う子どもたちを育てる公共空間（public-space）でなければならないことはすでに明らかである。それは、もともと個人の私的利益、私的趣味、私的教養を育てるだけの私塾やカルチャーセンターとはまるで異なる場所だからである。

　公共空間とは、ハーバーマス（Habermas, J.1929～2004）も指摘するように、異質な他者を排除せず、他者との対話や討議（ディスクルス）を中核として成立する空間である[10]。それは、前述の「トポス」の性格をしっかりと受け継いでいる。したがって子どもたちは、学校に通うことで、出来上がった集団の規範を身につけるというのでは、十分ではない。学校の規範、学級の規範成立の必要性やその根拠を考え、場合によっては既成の規範に欠けているところを

補い、規範を更新していく力（つまり市民的資質）をこそ身につけるべきなのである。近年、学校において、市民性教育（citizenship education）の重要性が強調されるのは、こうした文脈においてこそ理解されるべきであろう。

　しかしながら消費社会は、個人の私的自己を肥大化させ、その外部や他者の存在への感度が鈍い感性を出現させる。学校に対する期待や要求も、公共性を欠いたプライベート主義（私事化）が進行しているのも現実である。都市部の一部で実施されている学校選択制などは、まさに消費社会の論理で、学校経営を競争させて、保護者の選択肢を広げ、学校を活性化させようとする試みの一つである。しかし、その結果、①学校によっては、入学者が減り、適正規模が維持できない、②地域社会がますます教育力を失い、住民の連帯意識が拡散していく、③学校の格差ばかりでなく、序列化が進行した、などの無視できない弊害もまた指摘されてきている。学校空間と教育行為が公共的性格を失い、スーパーマーケットでの買い物のように、個人の学力保障や上級学校進学といった、私的利益のみに奉仕する営みに変質しつつあるとすれば、多くの問題をはらんでいる。

　消費社会は、個人の欲望の開発、個性、自己実現といった私的欲求や私的利益の充足、追求によって成り立つ社会でもある。確かに、この私的欲望追求の働きが、経済力を向上させ、社会を更新してきた面が全くなかったとは言えない[11]。私的欲望を厳しく規制したヨーロッパの旧共産圏諸国が、ベルリンの壁が崩壊して以降、どのような末路をたどったかは、まだ私たちの記憶にも新しい。私的欲求をすべて規制してしまっては、社会は刷新できない。

　しかし、だからといって学校という公共空間の原理を、保護者と

子どもの個人的利益や欲望にすべて委ねてよいということにはならない。むしろ逆である。学校空間こそ、子どもたちがさまざまな他者と出会い、共に学び合い、共に生きていくコミュニティの論理で再構成される必要性がある[12]。私事化された現代の消費社会では、子どもたちは、家庭、地域社会、私塾、メディア空間のどこに移動しても、他者との共同や公共的感覚を学びづらいのが、社会のまぎれもない現実だからである。

　それは、近代化の時代のように、国家が主導する上からの公共空間形成ではなく、それぞれの地域に住む子ども、教師、保護者、地域住民の協働（collaboration）によって、それぞれに構築されていく下からの公共空間形成である必要があると考えられる。学校をみんなの協働の力（collaboration）で創り出すということこそが、トポスとしての学校のあり方なのである[13]。

5．学校＝〈世界へのかかわり方〉を編み直すトポス

　本章では、学校空間を教育人間学的にとらえ直す一つの見方を提示してきた。それは前述のように、現象学や解釈学の方法、そしてポスト構造主義や構築主義の方法を基盤として成り立つ学問であり、学校空間や教室を、出来上がったシステムや制度としてではなく、複数の〈まなざし〉が交差し、すり合わされる中でその輪郭が形成されていく、生成途上にある空間として見る見方である。

　学校はさまざまな〈まなざし〉によって構築されていく意味空間であり、生成空間である。それはあたかも生命体のように自生し、外部を吸収し、脱皮し続けていく空間である。これまでは「文明化

の物語」が学校を先導してきたから、教育行政担当者や教師による〈啓蒙的まなざし〉が強かったことはすでに述べた通りである。しかし高度経済成長が終焉し、「定常型社会」(広井良典)[14]に立ち至った日本では、近代化、文明化という一元的ベクトルで社会を起動することはもはやできない。工業型社会と結びついた近代的国民形成という課題すら、もはや十分とは言えない。

情報や経済がグローバル化する現代社会においては、国家・国民という国境を超えて、多文化・多地域の人々とも交じり合う場面が多くなることが予想される[15]。学校空間、学級空間は、自国の文化・教養を身につける場所であると同時に、多種多様な世界の文化に開かれた学習ができる創造的な空間でなければならない。さまざまな文化や他者を受容し、たえず変成(メタモルフォーゼ)し続けていける「生きられた空間」として、学校を再生させていく努力が、いま切実に求められている。

【文献】

(1) オットー・フリードリッヒ・ボルノー/浜田正秀訳『人間学的に見た教育学』玉川大学出版部、1969年、p.58

オットー・フリードリッヒ・ボルノー/浜田正秀訳『哲学的教育学入門』玉川大学出版部、1979年、p.51

(2) Lenzen, Dieter ; *Mythologie der Kindheit*. Reinbek : Rowohlt, 1982.

クリストフ・ヴルフ/高橋勝監訳『教育人間学入門』玉川大学出版部、2001年

(3) 川本敏郎『簡単便利の現代史―高密度消費・情報社会の行方』現代書館、2005年
(4) 宮台真司『まぼろしの郊外―成熟社会を生きる若者たちの行方』朝日新聞社、2000年
(5) ジグムント・バウマン／長谷川啓介訳『リキッド・ライフ―現代における生の諸相』大月書店、2008年、p.20
(6) *Liddell and Scott's Greek-English Lexicon*, Oxford : Oxford University Press, 1966. p.710
(7) 中村雄二郎『トポス論［著作集、第10巻］』岩波書店、1993年、p.80
(8) 市川浩・中村雄二郎編『身体論集成』岩波書店、2001年、p.161
(9) 高橋勝『経験のメタモルフォーゼ―〈自己変成〉の教育人間学』勁草書房、2007年、p.22
(10) ユルゲン・ハーバーマス／丸山高司ほか訳『コミュニケイション的行為の理論（下）』未来社、1988年、p.399
　　　ニック・クロスリー／西原和久訳『間主観性と公共性―社会生成の現場』新泉社、2003年、p.95
(11) 佐伯啓思『〈欲望〉と資本主義―終りなき拡張の論理』講談社、1993年、p.65
(12) 佐藤学『学びの快楽―ダイアローグへ』世織書房、1999年
(13) 佐藤学、前掲書、1999年
(14) 広井良典『定常型社会―新しい「豊かさ」の構想』岩波書店、2001年、p.15
(15) 柄谷行人『世界共和国へ―資本＝ネーション＝国家を超えて』岩波書店、2006年、p.102

第 2 章

知識の教育

森田　伸子

第1節　学校教育における「知」の形
〜 知恵・知識・情報 〜

　「人が一生で学ぶ多くのことの中で、先生について学ぶことは、間違いなく最もわずかで、かつ最もどうでもいいのものである」——これは、教育学の古典とされる『エミール』の中でルソーが言っていることである〔ルソー、1986〕。つまり、人生において大切なことのほとんどは、学校や先生によって「教えられる」ことによってではなく、自ら「学ぶ」ことで身につけられるということであろう。

1．「学ぶ」こと

生きた「知」

　ある日本人の文化人類学者の本には、次のような例が挙げられている。北米のヘア・インディアンの言葉には、「教える」に当たる言葉がないという。例えば、日本から持っていった折鶴の折り方を知りたいとき、子どもたちは、「教えて」と言う代わりに、「折って見せて」と言う。そして何度も折らせてはそれをじっと見て、自分でやってみて、折り方を覚える。日本の子どもたちが、すぐに「教えて」と言うことと対照的だ、と筆者は言っている〔原、1979〕。それは学校教育が深く浸透している社会と、学校のない社会との違いが生んだものとも言えるかもしれない。

しかし日本の子どもたちも、「教えてもらう」ことなしに、多くの重要なことを学んでいる。その最も典型的なものは、母語である日本語であろう。学校に入る前に、子どもたちはすでに、複雑な日本語の語彙や文法の重要な部分はほとんど習得している。ヘア・インディアンの子どもたちと同様、日本の子どもたちも日本語を習得するときは、日々日本語を耳にし、それを口にする、という繰り返しの中で、それを自分の体に刻みつけていく。母語の「知識」は、箸やスプーンを使って食べることや、紐を縛ったりすることと同様、生活の中で、経験し自ら行動することを通して獲得される、いわば身体化された知識である。このような身体を通して身体に刻まれた知を、技能と呼んでおこう。

　また、私たちはしばしば生きる知恵、という言い方をする。いかに生きるべきか、かくかくしかじかの場合にどのように振る舞うのが賢明か、人生の幸福をどのように見いだすのか、などの「知恵」は、これもまた、学校で教師に教わることのできないものである。こうした「知恵」を事前に教えてもらうことができれば、どれだけ多くの失敗や不幸が避けられることだろう。

　しかし、人生のさまざまな場面で、人は1回限りのやり直しのきかないゲームに直面する。そして、ことが終わったときに、振り返ってみて初めてその失敗の意味や原因を悟り、その都度、その経験を振り返って自分だけにわかる「知恵」を獲得していく。そのようにして知恵を自らのものとして身につけた人のことを、しばしば私たちは、知識のある人、というのとは違う意味での「賢い人」とか「知恵のある人」と呼ぶのである。

　技能も知恵も、上で述べたように自らの経験によって体と心に刻

み込まれた、生きた「知」であり、その人から引き離すことのできない、その人と一体のものである。

学校的な「知」

これに対して、学校で教師に教えられた「知」は、学校を卒業したとたん、あるいは試験が終わったとたんに、跡形もなく忘れ去られてしまうことがしばしばある。そしてこうした現象を踏まえて、学校の知識は、生活と遊離した、抽象的で役に立たない知識だ、と批判する声もしばしば聞かれる。学校の知識教育に対する批判は、こうした技能や知恵との関係からだけでなく、最近はもう一つの側面からもなされている。それは、今日の情報化社会において、必要な情報はいつでも情報機器を使って得ることができるのだから、学校で知識を教え込むことはもはや意味がない、というものである。このような立場に立てば、情報の収集の仕方や読み取り方、つまり情報教育こそが大事だ、ということになる。

学校的な知識は今、このように、伝統的な技能や知恵と現代的な情報の間にあって、その双方からの批判にさらされていると言ってよいだろう。こうした状況の中で、学校教育で教えることのできる、あるいは教えなければならない固有の「知」とは、どのようなものなのか、もう一度考えてみる必要に私たちは迫られている。

技能・情報・知識

現代フランスの教育哲学者であるルブールは、知るということを次の3つのタイプに分けている。それを手がかりに考えてみよう〔ルブール、1984〕。

1つは、前述した技能や知恵に当たると考えられるものである。例えば、日本語を話すことができる、といったことから、挫折を経験したときにそれを希望を失わずに受け入れることができる、といったことまで含めて、ルブールはそれを savoir faire「何々をすることができる」知＝技能としてまとめている。

　もう1つは、savoir que（英語で言えば know that…）「AがBである（例えば、日本の首都は東京である）ことを知っている」、という知で、上で述べてきた情報に当たる。さてこれら2つのタイプの知に対して、彼は第3のタイプの知を compréhension「理解」をもたらす「純粋な知識」という言葉で表現し、それは教育によって初めて獲得される特別のタイプの知であると述べている。技能も知恵も人から教えられるのではなく、自らが経験や繰り返しを通して獲得するものである。情報はどうだろう。ルブールは駅に行く道を教える、という例を出している。このようなときに、教育という言葉は用いない。そこで行われているのは、特定の条件の下で役立つある特定の情報の伝達である。そしてこうした情報を与えることは、学校教育によらなくても、場合によっては通りがかりの人にでも（そしてもちろん、看板や電子機器にでも）できることである。

2．理解＝知識の特徴

体系性

　これに対して、理解を伴う知識は、人生の経験によって自然と獲得されることもなく、また、1回限りの伝達で得られることもない、ある特定の知の形だということである。したがってそこには、意図

的に、組織的に、そして継続的に「教える」という行為が不可欠の条件として働いていなければならないということになる。それでは「教えられる」ことで初めて得られる「知識」＝「理解」とはどのような特徴を持っているのだろうか。

　知識の第1の特徴は、情報との比較からいっそうはっきりとする。知識は個々ばらばらの知ではなく、ある体系を持った全体を指すということである。理解とはこの全体のつながりを把握することである。明治元年は1868年である、ということを「知っている」のと、明治維新とはどのような歴史的な出来事なのかを「理解」することとは別のことである。前者の場合は、正確な1868年という年が問題である。これが1883年となれば、もはやその情報は間違ったものとなる。試験なら確実に0点となるだろう。つまり情報は個々の事実が問題なので、そこにある「知る」のレベルは、知っているか、知らないか、のどちらかしかないということになる。

　それに対して、明治維新とはどのような歴史的な出来事なのか、という問いに対する答えは、これほど簡単なものではない。これが日本史全体の中で、前近代と近代を分ける大きな分岐点であること、その背景には、幕藩体制や鎖国制度のほころび、新しい町人階級の勃興など日本国内の状況の変化や、さらには同時代の国際的な情勢など、さまざまな事実が存在すること、こうしたことを踏まえてその「理解」は成り立つだろう。

　したがって「理解」を伴う「知識」にはより深く高度なものから、より浅く初歩的なものまで、多くの段階、レベルの違いがあることが分かる。同じ明治維新についての知識でも、小学生の知識のレベルと歴史学者の知識のレベルが違うのは当然のことである。知識と

いうものは、個々の情報ではなく、さまざまな情報が複雑に相互に関係しあって構成する全体的な構造をなしているため、一挙に丸ごと「伝達」することができないものだからである。だからこそ、相手の理解力のレベルに合わせた、段階的で組織的な「教育」を必要とするのである。

知るために知る

　知識の第2の特徴を挙げるとすると、それは、「知ること」それ自体の直接的効用からは限りなく遠いタイプの知である、ということだろう。私たちが人に聞いたり、あるいはインターネットで検索したりして情報を得る場合は、たいていは、何らかの必要に迫られている場合である。その必要性は、例えば、ある場所になるべく早く確実に行きたい、という日常的な必要性から、情報機器の効果的な用い方を知って授業をうまく展開したい、という教師の職業的な必要性に至るまで、さまざまな必要性があるだろう。しかし、いずれの場合もその情報は、直接役に立つということが求められているし、役に立たなければ無意味なものとなる。

　それに対して、明治維新とはどのような出来事であったかを理解することは、それ自体が何かのことに直接に役立つとは考えられない。最初に引用したルソーは、地球儀で世界中の主要な都市や極地のことまで知っていながら、一人で近くの町まで行くことのできない子どものことを例にして、役に立たない教育に終始している当時の教育を批判している。子どもにとっての必要性＝必然性（nécessité）こそ子どもの教育の唯一の原理であるべきだ、というのがルソーの一貫した主張であった。これはその後、20世紀初頭

に学校教育批判、学校改革の運動として展開された新教育運動の中で、再び脚光を浴びて、今日でも多くの信奉者を集めている考え方である。

　彼は地球儀を使って地理を学んだ子どもにとって、世界とは厚紙でできた1個のボールにすぎない、とも言っている。しかし、子どもが初めて地球儀を見て、自分のいるところがこの球の表面の見えないくらいの小さな一点なのだ、と知ったとき、もしかしたら別の反応もあり得るのではないだろうか。彼は言いようのない不思議さ、驚きを感じるかもしれない。世界というものが、自分の身の回りの目に見える世界だけでなく、広大に広がった未知の神秘に満ちた世界として感じられるかもしれない。

　知識の始まりには、生活に直接役立つということを超えた、この独特の感じ、おそらく人間だけが持つ驚異の念があり、それこそが知識のもう一つの特徴と言えるだろう。知識の教育とは、むしろ日常生活の中に埋没し、縛り付けられている人間を、そこから引き離し、新しい視界を開かせ、自分をより大きな世界の中に位置づけ直させる営みと言えるのである。

あらかじめ再構成された知

　第3番目の特徴は、知識は個々ばらばらの情報ではなく全体性を持つということとかかわる。全体性という点で知識は技能や知恵に似ているように見える。技能も知恵も個々の部分に分割できない、全体的なひとまとまりとして獲得される。

　他方、知識が技能や知恵と異なるのは、その獲得のプロセスにある。技能や知恵は現実の生活の中で、生の経験を積み重ねる中で獲

得される。現実は複雑で非情なものである。その複雑で厳しい現実の中で、人は多くの間違いを犯したり、傷ついたり、挫折したりしながら、その時その時の選択と決断を繰り返し、いつしか、ある技能なり知恵なりを獲得する。その途中の過程では、いわば暗中模索、個々の経験の意味がわかるのは、ある程度の地点まで行って、ちょうど山のだいぶ高いところに来て初めてふもとの景色がわかるように、事後的に理解できるのである。この試行錯誤の長い道のりを困難に耐えて継続することができ、しかもそこから有益な教訓を引き出す力のある人こそ、真に技能を極めた人、あるいは、知恵ある人とみなされるのである。

　これに対して知識は、同じく全体性を持つものであっても、複雑な現実を取捨選択し、人間の理解に添う形で再構成された全体性であり、現実そのものではなく、現実の写し、あるいは再現として提示されたものである。言ってみれば知識を学ぶということは、複雑で先の見えない道を一人手探りで進むのではなく、事前に用意された見取り図や地図を手に、地図と自分のいる場所を確かめながら進むのに似ている。したがって、特別に優れた直観力や並外れた忍耐力を持った人でなくとも、普通の能力の人間ならそれなりに道を進むことができるし、道に迷って命にかかわる危険な目に合うことも避けることができるだろう。

歴史の産物

　それでは、この地図は誰が用意してくれたものだろうか。それは、私たちよりも先にこの道を歩いた無数の人々である。これが知識というものの第4番目の特徴と言える。つまり知識とは、先人たちの、

広く言えば人類全体の経験が積み重ねられ、伝えられてきたものであり、歴史の産物であるということである。

　地球が丸いということ、昼と夜があるのは地球が自転しているからだということ、あるいは、地球が太陽の周りを回っているということを私たちが知っているのは、何百年も前に試行錯誤を繰り返しながら観察や推理を重ねた科学者たちがいたからであり、また、彼らの経験を知識として継承してきた教育という営みがあったからである。

　フランス革命に殉じたコンドルセという優れた数学者は、『人間精神進歩の歴史』という書物の中で、人類を、決して後戻りすることなく、力強く前へ向かって歩んでいく一人の巨人にたとえている〔コンドルセ、1949〕。この巨人は無数の人間たちからなっていて、その人間たちは次々と生まれてきては、死んでいく。コンドルセ自身、反対勢力に捕らえられて獄中で亡くなった。この本は捕らえられるまでの逃亡生活の中で書かれたといわれている。

　しかし彼は、自分の1回限りの人生が獄中で悲惨な最期を迎えることになったとしても、それが人類の巨大な歩みの中に統合され、次の世代へとつながれていくことを信じていた。コンドルセのこうした思想は、進歩の思想と呼ばれるが、それは同時に知識の思想とも呼ぶことができるだろう。彼は、革命議会に提出した公教育プランの中で、知識の教育の重要性を繰り返し強調している。

代表的に再現された知

　知識が、先行世代の経験の積み重ねであるとして、それはどのように再構成されているのだろうか。

経験はあくまでも個別の1回限りのものであり、そのままの形では決して人に伝えたり、継承することはできない。りんごを手にし、食べてみておいしかった、という経験は1回限りのもので繰り返しはできない。なぜなら、全く同じりんごは2つと存在しないからである。りんごにもいろいろな種類があるし、同じ種類のものでも形も色も味も一つ一つがすべて別のものである。だから、厳密に言うと「りんご」というものは、ある種類の木の実に対して、人々が「りんご」と名前を与えて分類したときから存在し始めるのである。そしてこの「りんご」という言葉があるからこそ、個々の、場合によってはずいぶん異なる大きさや色や味の果実を食べながらも、「私はりんごが好きだ」とか「りんごはきれいだ」とかいう経験を互いに共有しあうことができる。

　このように、そのものとしては伝えようのない、2つと存在しない個々の事物や、1回限りの個々の経験を1つの集合体として集めて、それを、ある1つの記号によって代表させて表現したものを、「表象」と呼ぶ。表象の英語はrepresentationである。この言葉中のreというのは「もう一度」を表す。1度経験された、したがってもう二度と起こりえないものを「もう一度」表現し、指し示す、ということである。

　同時に、representationは、「代表」という意味もある。例えば国民の総意を表現するときに、私たちは代議士を選びその人たちによって総意を決めている。1億の人間の、ありのままの意志などというものはそのままの形では表現しようがないので、代表を選んでその人たちを媒介にして表現しようというわけである。代議士の意志が国民の意志そのものではないことは誰もが知っているが、そう

いうことにしておいて初めて、国民の総意というものについて語ることができるのである。「りんご」という音声や文字が個々のりんごの再現ではないことははっきりしているが、「りんご」という言葉は、ある果実の全体を代表して表現するものとして私たちによって合意されているのである。

　表象というものの性質について、フーコーという現代フランスの哲学者がその著書の中で例に挙げている現代画家の絵がある。それはパイプを写実的に描き、その絵の下に「これはパイプではない」という文字が書いてある絵である。ここにあるのは、カンバスの上に塗られた、いくばくかの絵の具であって、パイプではない。しかしこれを見る人は、これはパイプだ、と認めるのである。パイプであってパイプではない。表象というものが持つ二重の性格を端的に表現した絵と言えるだろう〔フーコー、1986〕。知識の教育とはこのように、繰り返し不能な具体的事物や経験を、代表して再現する（表象する）抽象的な言葉や記号を媒介として伝える教育である。これが知識の教育の第5番目の特徴と言えるだろう。

信じることと疑うこと

　前述したように、表象とは、パイプであってパイプではないという二重性を帯びている。そして知識とは、この二重性の自覚にほかならない。このことを、知識の特徴として最後に挙げておきたい。そこには、信じることと疑うこととを同時に含む、精神の反省的な働きが含まれている。

　地球儀を用いて地球についての知識を学ぶ子どもは、これまで多くの科学者たちが試行錯誤の末に到達した知識の総体を、「信じる」

ことを学ばなければならない。なぜなら、子ども自身は、球体としての地球や、大洋に浮かぶ無数の島々や極地を自分で直接経験することはないからである。宇宙衛星からのリアルな地球の映像が見られるようになった今日でも、いや、このように科学が進歩した時代だからこそ、私たちが「見聞き」する世界は、ますます私たち自身の直接的な経験から遠い世界となっていく。

　こうして、知識とは、そもそも自分の直接的な経験を超えたところから始まるものであるとすれば、知識を学ぶことの出発点には、「信じる」ということがあるとも言える。しかしこの「信じる」には常にある留保がつけられている。これはあくまでも人間によって構成された「もう一度」の世界である、ということの自覚、つまり「これはパイプではない」という認識である。

　例えば地球の表象としての地球儀を前にして、それと自分自身が足元に感じ、自分の目がとらえている地球の大地との間に、ほとんど無限にも思える距離を感じ取るとき、私たちの中には疑いが生じる。この疑いは、あるいは私たち自身の実感や経験へと向けられ、それを再吟味し振り返ることを迫るかもしれない。私の地球の見方は、あまりに狭い空間と短い時間に縛られた見方ではないだろうか。私は本当に地球を「見て」はいないのかもしれない。あるいは疑いは、与えられた表象そのものに向けられるかもしれない。完全な球体をなしているこの地球儀は本当に地球の形態を正確に表象しているのだろうか、あるいは、引かれているさまざまな境界線は本当に引かれるべきところに引かれているのだろうか、など…。地球儀が「一個の厚紙でできたボール」であって、地球そのものではないとしたら、それは、ものの見方や角度、方法を変えることによって何度で

も作り変えられることができる。しかし同時にそれは、個々の人間が、個人的で限界のある直接経験によって恣意的に作り変えていくことができるようなものでもない。

コンドルセが言うような、人類という巨人の経験の中にしっかりとつながれることによって、それは初めて可能となるのである。こうして信じることと疑うことという2つの相反する精神の働きによって、知識が継承され刷新されてきた歴史を、私たちは科学や学問の歴史のうちに見いだすことができる。

以上、6点にわたってその特徴を見てきたように、知識は日常の生活や経験を通して自然に獲得されるのではなく、特別の方法や内容によって、体系的・継続的に教えられることを必要とするタイプの知である。そして教育の歴史を振り返ると、このような知識の教育は古代以来さまざまな学校で、さまざまな形で実践されたり、構想されたりしてきた。

次の節では、これらの中から、今日の知識教育にも示唆を与えてくれると思われる3つのタイプのものを紹介しよう。第1のタイプは、思考の訓練へと向けられた知識教育、第2は、事物や世界についての具体的な知識を与える知識教育、そして第3は、人間性を形成するための知識教育である。

【文献】
ジャン・ジャック・ルソー/樋口謹一訳『エミール』白水社、1986年
原ひろ子『子どもの文化人類学』晶文社、1979年

オリビエ・ルブール/石堂常世ほか訳『学ぶとは何か──学校教育の哲学』勁草書房、1984年
コンドルセ/前川貞次郎訳『人間精神進歩の歴史』創元社、1949年
ミシェル・フーコー/豊崎光一ほか訳『これはパイプではない』哲学書房、1986年

第2節　思考の訓練のための知識教育
～ 精神の形式としての知 ～

　これまで見たように、知識とはさまざまな情報によって構成された、全体のつながりを「理解」することによって得られる知であった。いかに豊かな情報が与えられても、「理解」という精神の働きが十分でなければ、そこに知識は成立しない。理解すべき個々の内容はさまざまであっても、その根底には「理解する力」という、より一般的な応用可能な力が存在し、この力そのものは、特定の方法と内容による精神の訓練によって形成することができる。このような考え方の下に行われてきた教育がある。そこでは、あれこれの知識の内容よりも、学ぶ側の精神の働き方（形式）を形成することが大事だとされる。

1．古代ギリシアの自由学芸

　まずは、このような考え方のもとに組み立てられた知識教育の例として、「自由学芸（artes liberales）」の教育を取り上げて考えてみたいと思う。
　自由学芸というのは、古代ギリシャの時代から社会的指導者層にとって必要な基礎的教養とみなされてきた諸学を指す。プラトンはその著『国家』の中で、国家の真の統治者となるのは、権力や自己

の利益のためではなく、ただ真理への愛と公共の善のためにのみ行動する哲学者こそがふさわしいと述べ、そうした哲学者にして統治者たる人間を育成するためには、どのような教育が必要であるかについて述べている〔プラトン、1976〕。

　プラトンはまず世界を、目で見ることのできる世界である可視界と、ただ思惟によってのみ知られる世界である可知界とに分け、可知界を、理（ロゴス）そのものであるとする。ギリシャ語でロゴスというのは理（ことわり）であり、同時に、言葉を意味する。哲学者とは、目に見える世界にとどまることなく、ロゴスそのものである世界へと到達しようとする者であり、そのための方法が言葉による対話・問答である。プラトンが残した作品はすべて、彼の師であるソクラテスが他のギリシャ市民たちとの間で交わした問答からなっている。

　その問答は、まず日常的で誰もが当然とみなしている事実（可視的な世界）からスタートし、ソクラテスの巧みな導きによって、その当然とみなされている事実のあいまいさや矛盾が暴露され、しだいに厳密な論証を通して真理の世界（可知界）へと向かっていく。

哲学的問答とそのための準備教育

　このような厳密な対話・問答のことを、プラトンは哲学的問答法（ディアレクティケー）と呼び、哲学者の教育の最終的な段階としている。そして、そこに向けての準備教育（プラトンはそれを序曲のようなものと言っている）として、幾何学、算術、天文学、音楽の4つの学芸の教育を挙げている。これらはそれぞれに、図形、数、天体、協和音についての研究ですが、いずれも目に見えるあれこれの

四角形や、3本の指の数や、眼に見える星々や、耳に聞こえるあれこれの音という可視的な世界ではなく、純粋に、図形そのもの、数そのもの、天体の運行そのもの、音そのものについての研究を指している。

例えば、3本の指で3という数を示したとしても、そこに人が見るのは、小指・薬指・中指という別々の指にすぎない。これが3という数を示すのは、個々の具体物である指ではなく、3という純粋な数そのものの存在があるからであり、それを問うことは、1とはそれ自体としてそもそも何であるのかを問うことである。

同じようにプラトンは、音楽とは音階の調和を耳に聞こえる音に直接に求めるのではなく、音階の純粋に数学的関係の中に求める研究であると言う。こうして、今日から見れば一見無関係に見えるこれら4つの学芸は、数学的学芸としてくくられているのである。

プラトンはアテナイの郊外のアカデメイアというところに、哲学者を養成するための学校を作ったが、その門には、「幾何学を学ばざる者入るべからず」と書いてあったといわれる。ここでは、幾何学はこうした哲学への予備教育の教科である数学的諸学を代表させられているのである。

ではこのような数学的諸学にプラトンが託しているのは、どのような教育なのだろうか。プラトンは当時の一般的な教育観について、「魂の中に知識がないから、自分たちが知識を中に入れてやるのだ」という考え方であるとして批判する。そして、真理を知るための働きや器官は一人ひとりの人間の中に備わっているのであって、教育がなすべきことは、魂を可視界から一転させ、可知界（これをプラトンは、実在の世界と呼ぶ）の最も光り輝くもの（これは善そのもの

に他ならない、とプラトンは言う）を見ることに耐えられるようになるまで、導いていくことである、と述べている。

数学的諸学には、目に見える世界の背後に純粋な数や図形、運動や調和を求め厳密な考察を続けることを通して、魂をより高い方向へと強く導く力を持っている、と彼は考えたのであった。

2. 中世の「三学四科」

プラトンのこうした教育論は、古代ローマ時代を経て中世のキリスト教的世界へと継承された。古代末期のキリスト教教父の一人であるアウグスチヌスの『キリスト教の教え』や、それを継承したカッシオドルスの『聖・俗教範』は、上で見たような古代の教養を、キリスト教の聖職者養成のための基礎教育の自由学芸として新たに位置づけし直した。

自由から書物へ

この過程で、次のような3つの変化が見られた。第1は、自由学芸というときの「自由」の意味である。古代ギリシャ時代においては、それは「自由人」の教養を意味した。古代社会は奴隷制度を基盤とした社会で、生産や労働の活動は奴隷に任せられ、その基盤の上に、自由な市民たちが都市国家を運営していた。その運営方法は、民主制、貴族制、あるいは寡頭政治とさまざまな形を取ったが、いずれにしても、市民は労働から解放された自由人として、国家の公共の事柄に専念することが前提とされていた。プラトンの哲学者の教育は、当然そうした自由人を対象とした教育である。そこに具体的な

生産や労働の技術に役立つ教育が含まれていないのは当然であるし、同時にそこには国家社会の公共性へ向けての教育が意味されていた。

しかし注目すべきことに、カッシオドルスは、自由学芸（artes liberales）という言葉を説明するときに、これとは別の説明をしている。彼は、「自由」（liberales）という言葉をラテン語の自由な liberalis よりもむしろ、書物（あるいは、文字を書き記すために用いた樹皮）を意味する liber と結び付けて説明している。もともと、自由な市民が広場（アゴラとギリシャ語でいう）に集い、互いに自由で活発な対話を繰り広げることから生まれた知であった自由学芸が、書物の知識として定義されたことは、古代から中世にかけての大きな変化を暗示するものと言えるだろう〔岩村、2007〕。

自由七科

第2に、自由学芸は3つの学芸（artes）と4つの学科（disciplinae）から構成される7つの学として再編成され、その後「自由七科」と呼ばれるようになった。このうち四科はそのままプラトンの『国家』に見られる算術、幾何、天文、音楽であるが、三学のほうは、文法学、修辞学、弁証論とされた。文法学は言葉の規則に関する学問、修辞学は言葉の効果的な用い方に関する学問、弁証論（ディアレクティカ）は「精緻かつ簡潔な推論をもって真なるものを偽なるものから弁別する学問」であり、後には、論理学と呼ばれるようになる。これらはいずれも言語に関連する教科で、プラトンが哲学的問答法（ディアレクティケー）と呼んだものを再構成したものとも見える。中世の時代には、四科のほうよりも、この三学のほうが聖職者養成の基礎教育で中心的な位置を占めるようになる。なぜならキリスト教文

化においては、すべての学の頂点にあるのは聖書の学である神学であり、神学に最も直接的に仕える学は、聖書という書物の読解に役立つ言語の学だったからである。

　聖書はもともとはヘブライ語とギリシャ語で書かれているが、中世を通して教会で用いられたのはラテン語訳の聖書であった。ラテン語は教会の確立期のローマ時代の日常語であったが、その後の歴史の中で、地域ごとの言葉に変化したり、あるいは他の民族の言語に取って代わられたりしていき、生きた話し言葉としては消滅していった〔リシェ、1988〕。

　しかし、これらの新しい言語が、きちんとした体系的な文字と文法を持つ書き言葉として完成されるには長い時間がかかった。したがって、書き言葉の世界では、古代のローマの言葉が唯一の言葉であり、「文字の読み書きができる」といえば、それはラテン語の読み書きができることを意味していた時代が長く続いた。三学（文法、修辞、弁証論）は、こうしたラテン語の教育のカリキュラムであった。このように見ると、三学を中心とした中世の自由学芸は、数学的諸学を中心とした古代のものに比べて、魂に直接働きかけ思考の訓練をするという性格よりも、教会公用語であるラテン語の習熟といった、より実用的で実際的な性格が強くなったといえる。

スコラ学の誕生

　第3に注目すべきことは、三学の中の弁証論の位置づけである。弁証論（ディアレクティカ）は、プラトンの哲学的問答ディアレクティケーに当たるもので、両方とも厳密な言葉を用いて推論を重ね、真理を論証する方法を指す。しかし、哲学的問答においては、論証の

先にある真理は、直接目で見ようとすると目がくらんでしまう太陽になぞらえられるようなものであった。それゆえ、プラトンの作品の中で、ソクラテスと他の人々との対話は、いつも先へ向かってオープンに開かれたままの、いわば未完成の形で終わっている。対話を重ね、真理をつかんだと思っても、さらにその先に真理の別の姿が、あるいはより高い真理が開かれているのである。

しかし、三学に位置づけられた弁証論の行き先には、聖書という書物が厳然として存在しており、論証すべきことはすでに、この聖書の学である神学という学問によって定められている。弁証論がいかに精緻な議論を組み立てても、それが神学の知を越えたり、そこから外れたりすることは決してあり得ないことであった。真理の終わることのない探求を意味した古代の「哲学的問答」は、中世においては「神学に仕える下僕」の位置に押し下げられたのである。

第1節で知識の特質として最後に挙げたことに、「信じる」ことと「疑う」こととの緊張関係があった。神学は、究極のところで「信じる」という行為を終点に（あるいは出発点にと言ったほうが良いかもしれない）置く学問である。しかし同時に言えることは、中世の神学はこの「信じる」を、単なる個人的な直観や神秘体験によってではなく、厳密な考証と論証を重ねる知的な営みによって支えようとしたということである。そこから、スコラ学と呼ばれる知が生まれた。

神学の最終的な権威は聖書という書物にあるが、旧約聖書は数千年前の、新約聖書でも何百年も前の出来事が書かれた膨大な書物である。謎も矛盾も多く含まれていて、多様な解釈が生まれ、それらの解釈の中から教会によって認められたものが神学の権威ある書物

となった。歴史の中で継承されてきた知を支えにしている、という第1節で述べた4番目の知識の特徴が、ここでは、教会の伝統への信頼、と言う形で現れている。

　こうした伝統の重視と論理学が結びついて生まれたのが、スコラ学と呼ばれる学問である。スコラ学というのは、究極の書物である聖書の解釈をめぐって、相反する立場に立つもの同士が、徹底的な討論を戦わせながら真の解釈に向かおうとする、独特の学問であった。その討論において、有効な根拠を与えるとされたのが、前に挙げた権威ある神学の書物からの引用であり、方法として用いられたのが、弁証論（＝論理学）であった。この討論は公開の場で行われ、その討論ぶりはきわめて非妥協的な徹底したものであった。時には、本当の殴り合いにまで発展したという話も伝えられる〔ガレン、1984〕。

　以上見てきたように、古代の自由学芸の教育は、中世に入って神学という新たな学問の発達の中で、新しい形で継承されたが、言葉による厳密な論証、相互の対話（討論）が重視されるという点で両者の間には一貫した特徴が見られる。このように、知識の中身そのものよりも、精神の働きや形式を訓練するタイプの教育は、その後もヨーロッパの教育の重要な要素として継承されてきた。最後に、近代以降の大きな流れを概観しておこう。

3．ポール・ロワイヤルの普遍文法と論理学

　ルネサンスと宗教改革を経て、それまでの神学を頂点とした知の体系が大きな変化を被った17世紀は、科学革命の時代とも呼ばれ、

近代的な科学的思考の様式が発達した。この時代に、「パスカルの原理」などで知られるフランスの科学者であり、哲学者であるパスカルもかかわった学校として知られる、「ポールロワイヤルの小さな学校」と呼ばれる学校がある。ポールロワイヤルは、カトリックの刷新運動の中心となった修道院であるが、ここに支持者たちの子弟を集めて教育する小規模の学校が作られた。それは、中世の聖職者養成のための学校とは異なり、子どもの教育のための学校であった。

　ここでは、洗礼によって授かった子どもの無垢を守ることと、さらに、子ども自身が自分の理性と意志の力によってこの無垢を守ることができるように教育することが目指された。そして、理性の力をはぐくむための教育の一環として、新しい文法と論理学の教科書が作られている。前者は『普遍・理性文法—話す技法』、後者は『論理学—考える技法』と題されている〔ランスロー、アルノー、1972〕。

　ポールロワイヤルの教師たちにとって、この2つは密接に結びついていたようである。文法の前に「普遍・理性」という形容詞がついているように、ここでは、およそ人間の言語であるならば、普遍的に共有している規則としての文法が考えられている。そしてこの普遍性は何に由来するかといえば、人間であれば誰もが共有しているはずの「理性」の働きの普遍性に由来するのである。このようにこの文法は、フランス語の文法の説明をしながら、そこに表現されている普遍的な人間理性の働き、つまり、思考の形式を同時に説明している。それに対して、『論理学—思考の技法』は、人間の思考の産物である「観念」について述べながら、それが結び付けられている言語について述べているのである。このようなポールロワイヤ

ルの文法は、20世紀の言語学者チョムスキーによって再発見され、言語と思考の関係に重要な示唆を与えるものとして脚光を浴びることになった〔チョムスキー、1976〕。

以上、古代から近代までのヨーロッパ教育史の中から、思考の形式を形成し訓練するための知識教育のさまざまな形について見てきた。このような教育は、現代においてどのように生かされているのだろうか。

4．現代における新しいリテラシーと思考力

フランスの哲学教育

例えば、フランスの教育では今日もなお、哲学という科目がリセの最終学年に置かれている。リセは日本の高校に当たるが、その最終学年といえば大学進学資格試験に当たるバカロレアの準備の時期で、したがってこの学年に在学する学生の多くは高等教育に進む者たちである。現在ではだいぶ大衆化してきたとはいえ、この層は伝統的にごく少数の知識人層を指していた。

そこで課される哲学教育は、まさに、人々が常識的に知っていると思い込んでいること（ドクサ）を、厳密に批判的な方法によって解体し、真理へと向かうソクラテス的な思考の形式を教育することを目的としている。このような教育は、現在では欧米でもフランスを除いては、ごくわずかな例しかなくなっている。

PISA型リテラシー

一方で、こうした伝統的なタイプの思考方法の教育に代わって、

同じように、個々の知識ではなく思考力を養うことを目指した新しいタイプの教育が登場してきている。2000年から3年ごとに3回にわたって行われたOECDによる国際学力比較調査で提起された、「リテラシー」という新しい学力観がそれである。

　従来の学力では、「国語」「数学」「理科」に当たるものが、ここではそれぞれ「読解リテラシー」「数学的リテラシー」「科学的リテラシー」と名づけられて、加盟国40カ国あまりの15歳を対象に調査された。リテラシーというのは、もともとletter（文字）の読み書き能力を指す言葉である。

　OECDという国際機関が、国際的な比較が可能なグローバルな学力を表すものとして選んだのが、古代以来の言葉の力であり、中世ヨーロッパで重視された「書かれたもの」を「読む」力だった。とりわけ注目すべきことは、自由学芸の四科として扱われていた、数学的諸学科＝今日風に言えば理数科が、同じようにリテラシーとして扱われている、ということだろう。

　例えば、2000年度の「数学的リテラシー」の問題を見てみよう。第1は、りんごの木をコニファーの木で正方形に取り囲んだとき、りんごの木を一定の法則に従って増やしていったときのコニファーの数を問う問題、第2は、地図を示し縮尺から実際の広さを推測させるもの、第3は、レーシングカーの時間を追ったスピードの変化を示したグラフから、コースの形を推測させるもの、第4は、5つの三角形（いずれも、2つの辺の中点を結んだ線を一辺とする小さな三角形を内包している）を示し、ある条件に合った三角形を選ばせるもの、第5は、ピラミッド型をした農家の写真とその図面を示し、床面積などを問うものである。

また、同年度の科学的リテラシーの問題は、次の2つのようなものであった。1つの問題は、19世紀の産科医の日記と彼が集めたデータをグラフにしたものが示されている。グラフは、出産後産褥熱で死亡した患者数を第1病棟と第2病棟で、年度ごとに示したものである。医師の日記文には、病院では多くの産婦が出産後産褥熱で死んでいること、人々はこの原因は地震などの地球の運動や天体の運動の影響だと考えていること、さらに、死亡した産婦の解剖に当たって十分な消毒が行われていなかったこと、彼の友人の一人が解剖後に亡くなり、その死体から産褥熱で亡くなった産婦と似た症状が発見されたことなどが記されている。

　これらのテクストを読んで、生徒たちは、産褥熱が地震などによるものではないことをグラフの上から説明することや、友人の死からこの日記の作者が得たと思われる新しいアイデアについて述べることを求められている。

　もう1つの問題は、オゾン分子の形成やオゾン層と人間の病気との関係などについての文章と、オゾン分子形成の様子を漫画化したものを示し、この漫画の意味を人に説明することを生徒に求めている。

　以上のような問題に共通しているのは、問題を解くために必要なものは、あらかじめ暗記している知識や公式や定理などの〈知識〉ではなく、示された文章やグラフや図を注意深く読み解く力である。言い換えれば、必要な情報はすべて文章なりグラフなりの中に含まれており、生徒はそれを発見し、関連づけ、再構成して表現することを求められているのである。そしてそのような力は、生徒たちが暮らしているさまざまな文化的な条件の違いを超えて、人間

の普遍的な能力として人間の中に存在しており、それは世界共通の尺度で測定することができる、と考えられているのである〔OECD、2002〕。

現代における思考力の教育とは

この調査が行われ、結果が発表されて以来、日本の教育界でも「リテラシー」を重視する傾向が強まり、2008年初頭に発表された新しい教育指針の中にも反映されている。これもまさに「思考力」を形成することを目指した教育である。このような教育と、これまで私たちが見てきたギリシャ以来の教育との違いはどこにあるのだろうか。

ギリシャ以来の教育において、思考は「真理」へと向けられていた。その真理が、プラトンの言うイデアのようなものであれ、中世スコラ学の言う神の真理であれ、思考は、容易に到達することができない、しかし人生を真に意味あらしめるためには、不可欠な真理を目指して困難な道を歩むものだとされていた。他方、現代のリテラシー教育で求められているのは、情報を適切に処理し判断する力である。第1節で見たように、情報というのはその本質において功利的なものである。私たちは、具体的な何かをするために役立つということ以上のものを情報に求めることはない。これまで見たリテラシーテストの問題が、いずれも具体的で日常的な事柄を扱っていたのは、こうした情報の性質に最もかなった問題であると言える。

ちなみに、哲学的伝統の根強いフランスでは、OECDのこのテストではいずれもあまり高い得点を示していない。このことについて、フランスの数学教育者の団体はさまざまな議論を重ねてきてい

る。とりわけOECDの数学的リテラシーがそもそも目指しているものとは何なのか、フランスの数学教育が求めてきた正確で厳密な認識能力の形成は、この新しいリテラシーとどのような関係にあるのか。成績上位国のフィンランドとの共同シンポジウムを行うなど、模索を重ねているようである〔APMEP〕。

　そもそも「思考力」とは、何に向けて、何のために思考する力なのか、そしてその力を真に形成するためには、どのような知識教育が必要なのか、私たちはこのことをしっかりと考えなければならない時代に生きているのである。

【文献】

　　岩村清太『ヨーロッパ中世の自由学芸と教育』知泉書館、2007年

　　エウジェニオ・ガレン/近藤恒一訳『ヨーロッパの教育──ルネサンスとヒューマニズム』(第2版)サイマル出版会、1984年

　　ノーム・チョムスキー/川本茂雄訳『デカルト派言語学』みすず書房、1976年

　　プラトン/藤沢令夫訳『プラトン全集』(第7巻)岩波書店、1976年

　　C・ランスロー、A・アルノー/南館英孝訳『ポール・ロワイヤル文法── 一般・理性文法』大修館書店、1972年

　　ピエール・リシェ/岩村清太訳『中世における教育・文化』東洋館出版社、1988年

　　OECD, *Programme for International Student Assessment : Sample Tasks from the PISA 2000 Assessment Reading, Mathematical and Scientific Leteracy*, Paris : OECD, 2002

APMEP (Association des Professeurs de Mathematique de l' Enseignement Public) (http://www.apmep.asso.fr)

第3節　事物の写しとしての知
〜 世界観と知識 〜

1．スコラ学批判

形式から内容へ

　前に見てきたように、思考訓練のための教育では、個々の知識の内容よりも、考え方という形式が重視される。このような教育に対しては、しばしば「形式主義」という批判が寄せられてきた。とりわけ、中世のスコラ学は、厳密な論証と言いながら、実際は神学の権威に支えられてただ空しい屁理屈をこねるだけの不毛な学問であるとして、新しい学問を求める人々から厳しい批判を受けた。

　すでに12世紀、ソールズベリのヨハンネスは、論理学に偏った教育を次のように批判していた。

　　「彼らに残されているのは、ただ論理学だけであり、それが他のあらゆる研究に取って代わっているのだ。こうして連中は、読んだり聞いたりしたことを一字一句に至るまで議論し、すべてを疑い、いつも知識を求めながら決して得ることができないままに、子どもっぽい遊びのうちに老い朽ちていく。…実のところ、弁証学がめいめいに役立つのは、その人の知識内容に比例するのであって、たくさんのことを知っている人には大いに役立ち、知識のご

第2章●知識の教育　　75

く乏しい人にはほとんど役立たないのである」〔ガレン、1984〕

　中身＝知識内容のない、形式の学である論理学や弁証学は、人間としての成熟をもたらすことなく、人を子どものままに老いていく生命力に欠けた植物のようにしてしまう。このようにスコラ学を批判し、それに代わって豊かな生命力を与えてくれる「知識内容」を求めた文化と教育の刷新運動がイタリアに花開き、ヨーロッパ各地に広がったルネサンス（再生）と呼ばれた運動であった。イタリアにおけるルネサンス研究の碩学であるガレンは、この運動を「世界と人間の発見」と呼び、次のように要約している。

　　「人間をみつめるこの文化は、人間のもろもろの可能性を発展させることに意を用い、全世界を人間にかかわらせ、すべてを人間中心に眺めていく。…その人間とはまさに、この地上で生まれ死んでいく現実的人間であって、純粋な知的光としての人間ではない……人間の世俗性、地上の生活における人間生活、人間の熱情や苦悩、要するに、より地上的・肉体的・自然的な一切のものの復権として立ち現れるのだ」〔ガレン、1984〕

　ここで、「現実的人間」と「純粋な知的光としての人間」とが対比されていることに注意しよう。「現実的人間」とは、知的で生き生きとした具体的な内容を、「純粋に知的な光」とは、知識の干からびた形式を象徴しているのである。

世界と人間に関する知識

　この一大刷新運動を、私たちが今問題としている知識教育の変化という面から整理し直してみるために、ガレンが一体のものとして挙げている、「世界」と「人間」を、ここでは便宜上分けて、世界に関する知識内容と、人間に関する知識内容とを別々に考察することにしよう。

　おおざっぱに言えば、世界に関する知識は、現代では実証科学と呼ばれるようになったさまざまな学問によって、そして、人間に関する知識は広く文学と呼ばれるものによって担われてきた。とはいっても、この2つが現代のように全く異なる領域と見なされるようになったのは、それほど昔のことではない。例えば、冒頭に上げたルソーは18世紀の人であるが、彼の著作集を見ると、政治・経済・歴史・小説・植物学・音楽などさまざまな領域にわたっている。言うまでもなく、世界についての知にはそこに生きる人間についての知を含むし、人間性についての知は人間が生きる世界についての知なしには成り立たない。

　けれども教育が扱う知識の形としては、この2つは、しばしば区別されてきた。ルネサンス以降の教育の歴史をたどってみると、世界についての知識は百科全書的知識論の系譜に、人間についての知識はヒューマニズム＝人文主義の系譜に位置づけられてきた。本節では、百科全書的知識論とその教育を取り上げることにする。まず、人間に関する知識について、次項で見ることにする。

2．ルネサンスと百科全書的知識

世界のすべてを知りたい

　前に挙げたガレンの著作から、2人のルネサンス人の言葉を引用してみる。

　　　「キケロはほとんど天地のあらゆる事柄について、述べています。すなわち、天圏や星辰、台地の安定性や肥沃さ、海洋や河川の便利さ、季節や風の多様さ、草や植物や樹木や動物、鳥や獣や魚のすばらしい性能、これらすべての提供してくれるさまざまの利益、たとえば食物や労働や運輸や病気の治療、獣や魚の狩猟、建築や航海、又数え切れないほどの諸技術、それから人知や自然によって考え出されたあらゆる事柄です。さらに彼は、身体や感覚や身体諸部分の驚くべき有機的結びつきや構造について語り、最後に理性や能動性について語っています」〔ペトラルカ〕

　　　「自然のなすこと、つくりだすもの、すべてこれ、神聖にして賞賛に値せぬものはありません。例えば、われわれの頭上はるかをめぐるこの天圏ですが、夜となく昼となく天体の光に美しく飾られ、すばらしい調和と美と有用性をもって作り上げられています。更に、海洋、大地、空気…」〔ヴァッラ〕

　ヴァッラの言葉の後半を省略したのは、ペトラルカのものとほぼ同じ内容が繰り返されているからである。これらは14〜15世紀イタリアの人であるが、ガレンはさらに16世紀フランスのラブレー

からも同じような文章を長々と引用している。これらの言葉からまず浮かび上がってくるものは、人間という存在も含めておよそこの世界に存在するすべてのものに対する飽くなき好奇心である。

ルネサンス人たちのこうした世界の豊かさへの賞賛と、それらをすべて知りたい、という欲求は、17世紀のコメニウスによって「すべてのことをすべての人に」教える、百科全書的教育論として具体的に展開された。

けれども、「すべてのことを教える」と聞いたとき、現代の読者はすぐに、そんなことが可能なのか、あるいは、そんなことがどうして必要なのか、と思うはずである。そもそも「すべての知識」とは一体何なのだろうか。そこでまずは、ルネッサンス期から17〜18世紀のヨーロッパ思想において、「すべての知識」とはどのようなことを意味したのかを考えてみよう。その上で、現代の私たちにとっての「すべての人に教えるべき知識」とは何かを考えてみたいと思う。

「記憶の劇場」

16世紀半ばのカミッロというイタリア人が構想した、「記憶の劇場」というもののプランが残されている〔イエーツ、2003〕。半円形の舞台から、放射状に7列の客席が伸びている。それぞれの列は最前席から最後席まで7つに仕切られている。それぞれの列の一番前の客席には、7つの天体（太陽・月・火星・水星・木星・金星・土星）が、太陽を中心にして位置している。最前列は高貴な人々の席とされた古代以来の習慣に従っているといわれる。この7列は最前席以下、前から順に、水（大洋）、諸元素、人間の魂、肉体、人間の心身の働き、

人間が作り出した技芸や学問を表す言葉が記されている。この6つは、神による世界創造の段階（最初は混沌とした大洋から始まり、最終的に人間と人間の世界の創造へ）を表したものといわれる。これらの6つは、各列最前席の7つの天体がそれぞれ持つとされているそのさまざまな属性と組み合わせられることで、それぞれに、さらに具体的な事柄が属するとされている。

これらの内容については、当時の占星術や古代神話や聖書の記述など、さまざまな背景がなければ理解不能であるし、今はそれを知る必要もないだろう。ただ、この劇場プランの特徴を2点だけ確認しておけば十分である。

第1は、この劇場は舞台で演じられるものを観客が見る、という一般の劇場とは逆に、舞台の真ん中に立った人が、目の前に広がる客席全体を見るために考えられている、ということである。そして第2に、舞台から一望されるこの客席全体が、「世界」の「すべて」を表象するものとされているということである。この世界はきちんと秩序正しく49の升目に整理され並べられている。升の並び方も、一定の法則に従っていて、その法則性を知っていれば、この世界に関する膨大な知識を覚えておくことも、必要に応じて引き出しから出すように思い出すこともできる。

『太陽の都』

あるいは、同じころに書かれたユートピア小説の『太陽の都』は、このカミッロの劇場がそのまま円形都市になったかのようである。この空想上の都は、円形を成していて、円の中心には、太陽を崇拝する神殿が置かれ、その周りに何重かの同心円状の壁がめぐらされ

ている。それぞれの壁には、数学的図形、獣、鳥、魚、鉱物、植物、人間の発明や諸活動、そして都市の宗教や道徳を代表する偉人たちの像などが、各層ごとに整然と描かれている。都市の子どもたちは、教育係に連れられてこの壁を順番に見て回り、説明を受けながら、「すべてのこと」を学んでいのである〔カンパネッラ、1992〕。

　これら2つの16世紀の例に共通して見られるのは、ある独特の世界観のもとに、一まとまりの意味ある全体として秩序付けられた知識観である。その世界観とは、一方で天体の運行と地上の事柄との間に深いつながりを見いだす古代以来の宇宙観と、もう一方では、神による世界の創造というキリスト教の世界観とが有機的に結びついたものである。ここにはルネサンスの性格がよく現われている。こうした世界観は今日の私たちから見ると、遠い異教的なものに見えるかもしれない。しかしここで確認しておきたいことは、このような、一定の秩序とまとまりを持った、はっきりとした意味を持った一つの世界というとらえ方に従うならば、この世界についての知識は有限となり、しかも、一定の秩序を持っているのだから、それを体系的に指し示すことも、教えることも可能となるはずだ、ということである。百科全書的教育というのは、こうした世界観を反映したものである。

3．コメニウスの『世界図絵』

　教育史において、こうした知識教育の最も有名な例は、ルネサンスを経た後の17世紀の、チェコの人であるコメニウスによって代表される。コメニウスは、『開かれた言語の扉』『開かれた事物の扉』

という作品によって教えられるべきすべての事柄について述べ、『大教授学』によってすべてのことをすべての人に教えるための普遍的な方法を提起し、そしてその方法の一つとして『世界図絵』という図版入り教科書を書いた。最後に挙げた『世界図絵』は各国語に翻訳されて19世紀に至るまでヨーロッパ中の多くの子どもたちに読まれる本となった。

『世界図絵』の世界

　この本は百科全書的教育の集大成とも言えるものである。この本を少し詳しく見てみることにしよう。まず序文を見ると、この本が当時の教師たちが子どもたちにラテン語とそれぞれの地方の母語とを対比させながら教えるための、一種の語学の教科書として書かれていることがわかる。前節で見たように、かつてのヨーロッパでは、文字の読み書きといえばもっぱらラテン語の読み書きを示していたが、コメニウスの時代には、すでにそれぞれの地方の言葉（英語、フランス語、チェコ語、ロシア語など）が書き言葉として確立されていた。それでも、正式の学校教育はまずラテン語を学ぶことから始められていたことに変わりはなかった。子どもたちは、ラテン語の文章とその横に置かれた母国語の翻訳を左右見比べることによって、より容易にラテン語を学ぶことができるようになっている。

　しかし、この本の特徴は何よりも、これらの言葉がそれぞれの章ごとに付けられた1枚の絵の内容と正確に対応させられていることであった。その意味ではこれは、あの太陽の都が1冊の書物にまとめられたもののようにも見える。例えば、17世紀にロンドンで出版された英語版の『世界図絵』〔コメニウス、1988〕の、46章「農耕」

という章には、農場でさまざまな作業にいそしむ人々を描いた1枚の絵が掲げられ、右側にラテン語、左側に英語で説明がある。「農夫は鋤に牛をつなぎ、左手に鋤の柄、右手に棒を持ち…」といった文章には、農夫、鋤、牛、柄、といった単語のところにナンバーが打ってあって、絵の相当部分にも同じナンバーが打たれている、といった風である。つまり、ラテン語、母国語、絵の各部がそれぞれ一対に対応させられているのである。このような調子の章が全部で150章あり、150枚の図版が収められているのがこの本である。この本では子どもに教えるべき「すべてのこと」というのは、150のテーマとそれぞれの絵の中のナンバーの打たれた事物である、ということになる。

ルネサンスの百科全書からコメニウスの『世界図絵』へ

コメニウスの百科全書的知識教育の特徴は、ルネサンスに見られたものと深い連続性を持ちながら、新しい局面をも見せているのがわかる。

まず第1の特徴としては、この世界のすべてを神の創造の秩序のうちにとらえるという世界観が挙げられるだろう。むしろコメニウスの場合は、カミッロやカンパネッラに見られたような、占星術的な世界観よりも、キリスト教の世界観がいっそうはっきりと示されている。この本の最初の章は「神」であり、最後の章は「最後の審判」である。

第2の特徴は、神の創造物としての世界にも増して、人間が創造したもの（さまざまな技術や文化）が多くを占めているということである。これらのものが占めている割合はおおざっぱに言って、約3

分の2というところだろうか。パン屋や肉屋、蜂蜜製造、織物、大工、など当時の産業の技術が事細かに記されたページが続く。石や金属のような鉱物を扱った絵でも、自然の中にある姿ではなく、きれいに切り出され屋内に並べられた姿で描かれているのが特徴的である。ここには、神の創造物としての世界と、神の似姿として造られた人間自身が創造した世界とが二重写しになっているのが見られる。

人間が創造した世界の中には、進歩した技術や学問だけでなく、悪も不幸も含まれている。125章「処刑」には、火あぶり、舌を抜かれる、鞭打ち、手足の切断、八つ裂きなどの刑罰が細かに描かれている。114章「忍耐」には不正と不幸を耐えることのできないものが陥る絶望と自殺も描きこまれている。子どもの読み物からは、悪や残酷なものは取り除くか、あるいは、より一般化しカモフラージュして示す、という後の時代の教育的配慮はここには見られない。これは、戦闘・死・処刑といったものが日常的に身近なものであった時代の反映であるだけでなく、世界にある「すべてのもの」を包摂するという百科全書的知識の特徴でもあると言えるだろう。

そして第3番目の特徴は、ここでは世界は、一望できる劇場でも一巡できる都市の城壁でもなく、1枚1枚ページをめくって見ていかなければならない1冊の書物の中に閉じ込められている、ということである。この最後の点にこそ、古代以来の伝統を持つ百科全書的な知識が、現代の私たちになじみ深い教育へと転換された姿が象徴されている。コメニウスは序文の中で、これは「小さな書物」だけれど、ここには世界全体が含まれていると言っている。世界を神の手になる書物にたとえる言い方は中世以来用いられてきた。その場合には世界に存在するすべてが神の真理を表すなんらかの徴(しるし)とし

て、その本当の意味を解読されなければならなかった。けれどこの小さな書物においては、そうした解読はもはや必要ない。そこには文字と絵で「ありのままの」世界が示されており、子どもは読み書きを学びさえすれば、この世界をそのまま自分のものにすることができるのである。さらに、そこにはこの読み書きを教える教師が付き添っている。この本の最初と最後のページには、教師と生徒の姿が描かれている。

　カミッロの劇場から、コメニウスの小さな書物まで、百科全書的知識の特徴を見てきた。それをもう一度要約しておこう。第1にそれは、世界の秩序や意味・目的というものが自明のものとして存在するという前提に立つ知識観であった。キリスト教的世界観がその前提をなしている。第2に、それは、人間はこの自明の意味ある世界の中に、意味ある存在として創造されたものである、という人間観が前提とされている知識観である。そして第3に、それゆえ世界を知ることはそのまま人間自身（自己自身）を知ることにつながるという前提が置かれている。百科全書的知識教育が、すべてを知ることが可能であり、かつ、意味あることだ、と考えたのは、このような前提があってのことであった。

4．啓蒙時代の『百科全書』

ディドロの『百科全書』

　こうした前提は、コメニウスの次の時代になると次第に失われていった。

　18世紀という時代を代表するものとして後世に伝えられている

のは、ディドロが中心となって編纂した『百科全書』である。正式のタイトルは『百科全書　あるいは学問・芸術・技芸に関する論証にかなった辞典』という。こちらのほうは、知識の豊かさかけてはコメニウスをはるかにしのぐ。なぜならこの書物は、ディドロをはじめとする200名もの当代の知識人たちが結集して完成させた、全28巻、6万項目にも上る膨大な辞典だったからである。この大事業に対しては、教会勢力や王権から数度にわたる妨害がなされ、多くの困難と紆余曲折の果てに20年以上をかけて完成された。

　この経緯からもわかるように、この百科全書は、それまでの百科全書のような、キリスト教の世界観を前提とした、一つの閉ざされた調和ある世界を表現しようとしたものとはまったく異なったものであった。それは被造物である世界を通して、その創造主である神を称えるものであるよりも、人間の理性が作り出した学問・芸術・技術の現在の水準を網羅し、次の世代への更なる進歩へとつなげようとしたものと言うことができる。28巻中、実に11巻が図版にあてられており、とりわけ工芸に関する項目に最も大きな力が注がれている。視点の重点は明らかに神から人間へと大きく転換しているのである。

　こうした思想運動に関係した人々を、広く百科全書派と呼ぶ。もちろん多くの思想家からなるこの集団を、一つの特徴でくくることはできない。彼らの中には、キリスト教の聖職者もいれば、貴族も、平民も、革命的な思想家も、王権に仕える役人もいた。しかし、こと知識というもののとらえ方という点で言えば、やはり彼らは時代の大きな変化を共有していたと言える。その特徴をここでは大きく2点に整理してみる。

世界の多様性と理性への信頼

　第1は、前世紀までの百科全書的知識の前提とされてきた世界観の大きな揺らぎを挙げることができる。ルネサンス、宗教改革の時代、伝統的なキリスト教の世界観はすでに揺らぎ出していたとはいえ、それらは終局のところ、「真の」キリスト教とは何か、キリスト教の真理を代表するものはどのグループか、という問いへと行き着く論争であった。しかしそうした論争を通してしだいに、キリスト教、ひいては信仰そのものを相対化する思考が広がってきた。同時に地理上の発見以来、ヨーロッパ以外のさまざまな地域の自然や文化や宗教についての知見も広くもたらされるようになった。

　ディドロの作品に、『ブーガンヴィール旅行記補遺』というものがある。当時実際にブーガンヴィールという人が書いたタヒチの記録について、2人の人物が語り合うという対話形式の作品である〔ディドロ、1976〕。同様の旅行記やそれを基にした空想旅行記の類が18世紀には数多く出版されている。18世紀は「世界」の地平が大きく広がり、人々の好奇心が刺激され、新しい知識への欲求が沸き立った時代であった。ディドロはその多くの作品を通して、混沌と無秩序と多様さと生命力にあふれた世界を生き生きと描き出している。それは17世紀の、神へと一筋に収束していく秩序だった世界とは別の、18世紀的な世界を代表するものだったと言える。

　この時代の特徴の第2は、この新しく開けた多様で混沌とした世界に対峙するものとしての人間理性への信頼である。すでに見たように、キリスト教的な世界観もまた、神が与えた理性への信頼に支えられていた。万物を創造した神は、最後に自らの似姿として人間を創り、この万物を認識する理性を彼に与えたのである。けれど世

界がより多様で、より混沌としてきた時代には、理性はいっそう慎重に、いっそう疑い深くならざるを得なかった。キリスト教の神を自明の絶対的な存在と見なすには、18世紀という時代は、あまりに多様な世界の存在を知り、さらに、キリスト教の名の下に行われてきた多くの誤りや悪を冷静に認識できる地点にあった。

ディドロにとってキリスト教の神は、せいぜいのところ、「多くの悪人を過去においてつくり、現在もつくり、また未来においてもつくるでしょうが」、しかし、「あなたの傍に、あなたの頭の上に、偉大な力の強いある者がいて、あなたが地上を歩いているのを眺めていると考えることはあなたにとって心地よいことであり、この考えはあなたの足どりをしっかりしたものにします」〔ディドロ、1976〕、といったものであった。つまり、今や神は世界の確実性を保障するものから、せいぜい人間の道徳に対してある種の支えや安心を与えてくれる（かもしれない）程度の存在になったのであった。

神がそうしたものでしかないとしたら、神が与えたという人間理性もまた、神秘的で絶対的なものとは言えなくなるだろう。しかし、もしも目に見えない神を論証するといった、大それたことを考えるのではなく、感覚によって確かめられ、推論によって実証できる事柄に限定してそれを用いるのなら、それは無限と言ってよいほどの豊かな知識を生み出すことができる—それが『百科全書』を貫く精神であった。

ディドロによる神学的百科全書への批判

この精神を表すよい例を1つ、この辞典の項目から紹介しておこう。「アグヌス・スキティクス」という空想的な植物についての項

目である。これは子羊とそっくりの植物で（アグヌスというのはラテン語で子羊）、表面に毛がふさふさと生え、切ると血が出るといった異様なものである。

　この植物のことを最初に報告したのは、コメニウスと同時代のイエズス会士のキルヒャーという人であった。キルヒャーは敬虔な神学者であり、同時に世界中の珍しい動物や植物のことから、エジプトや中国の神話や風俗、地下世界から月世界に至るまで、ありとあらゆる事柄について図版入りの多くの書物を書いた博識家として有名である。また、12歳だったスペイン王に献呈した『ノアの箱舟』は、聖書の創世記を基に、洪水の起こった時期、3階建ての巨大な箱舟の建造のようすとその細かな構造、そこに収容された動物の種類（その中には、人魚のような空想上の生物も含まれている）の一つ一つにいたるまで、事細かに具体的な挿絵入りで描いたもので、コメニウスの『世界図絵』と比べてみたくもなるような作品である〔ゴドウィン、1986〕。

　さてディドロは、このキルヒャーが最初に報告し、以来ベーコンのような優れた科学者も含めて、多くの権威ある学者たちがさまざまな証言によって実在すると証明してきたこの奇怪な「アグヌス・スキティクス」という植物のことを、迷信と偏見の格好の例としてあげている。キルヒャーやそれに倣った人々が、驚異に満ちた作り話を書く。まじめな確信ありげな調子で。彼らは学識ある一流の権威ある人々だから、信用されてしまう。そこにさらに強力な権威あるものの証言が付け加わる。こうして、世にも奇怪な植物が実在のものとして通用していく〔ディドロ、1980〕。

　「証言」というものの危うさをディドロは指摘しているのである。

それはそのまま、教会と聖書という権威が説く神秘や奇跡についてもあてはまる。ディドロは、およそ自然の事柄であれ、宗教的な事柄であれ、権威に基づく「証言」を無批判に信じることを退け、人間の理性の及ぶ範囲で、さまざまな角度から慎重に比較検討して「ほとんど異論の余地のない」と思われるものだけを採用することこそ、本当に真理を愛する人のとるべき態度である、と述べている。『百科全書』は、さまざまな立場に立ちながらも、知識に対するこのような態度を共有する多くの人々の共同作業から生まれた。知識というものが、神から啓示されるものでも、権威ある人の証言によって生まれるものでもなく、謙虚な努力を重ねる無数の人々の協力と歴史的な継承によって（実際、『百科全書』の完成には20年に及ぶ年月がかかった）のみ、日々新たに更新されていくものである、という知識観がここにはある。第1節で触れたコンドルセは、こうした人々の直接の後継者であった。

『百科全書』の教育観

こうした知識観のもとに完成した『百科全書』は、どのような教育観を表しているのだろうか。まず、これは完結した世界のすべてを一望の下に指し示すといった、前世紀までの「百科全書的教育」とは無縁のものであることがわかる。項目は一定の秩序や体系に従って配置されているのではなく、ばらばらの項目が、アルファベット順に並んでいるだけである。そこに秩序や体系をもたらすものは、この辞典を用いる読者自身である。この辞典はその特色の一つとして、それぞれの項目に、それに関連する参照項目が記されていた。これは、この辞典を用いる人々が、自分の関心に合わせて自

分の力で一つの知識から別の知識へと進みながら、より理解を深めていくための手助けとなるようにと置かれているものである。

さらにまた、ここでは知識は完結したものでも、一つの方向に収束していくものでもなく、人間の歴史の中で継承されながら更新されていくものとされる。知識が無限に開かれた未完成のものであるとするならば、「すべてのことを教える」ことは、ますます無意味なものとなるだろう。

5．現代の百科全書

不透明な時代

ルネサンスから18世紀に至る百科全書的知識の歴史をたどってみると、今日の私たちは、カミッロやコメニウスよりもディドロにより近い知識観に立っていることがわかる。私たちはもはや、コメニウスのように「これが世界だ」と言って子どもたちに差し出すことのできる自明の、意味ある世界を持っているとはいいがたい状況にいる。世界はますます多様性を増し、混沌とした不透明なものとなり、他方で、科学の進歩はますます加速され、私たちの『百科全書』は日々書き直されていく。

けれどもまた、ディドロの時代とは異なる局面にも私たちは直面している。

国民国家の時代

第1に、18世紀に続く19世紀と20世紀は「国家」の時代となった。ディドロらがコメニウスらと共有していた「世界」や「人類」とい

う概念はいまや抽象的なものとなり、国家と国家の熾烈な競争あるいは戦争の時代がやってきた。こうした時代に、知識もまた「人類の進歩」といった理想から「国家の発展」に役立つという、より現実的で功利主義的な原理によって支配されるようになった。

　一般に19世紀末に成立した公教育制度においては、しだいに実学的な知識教育へと力点が移されていくことになる。とりわけ先進国欧米列強の圧力の下に近代国家形成の歩みを始めた日本の学校教育は、その傾向が当初から顕著で、福沢諭吉『学問のすすめ』はそうした知識観が最も端的に表現されているものとして有名である〔福沢、2006〕。国の状況によって違いはあるものの、知識教育が、「世界とは何か」という究極の問いから出発するよりも、国家の発展や利益のために何が必要か、という問いから組み立てられる方向へと教育「改革」が進められていったことは、20世紀の共通の特徴であったと言えるだろう。

科学の進歩と人間性

　第2に、ディドロを含めた18世紀の百科全書派の人々は、世界についての知識や新しい技術の進歩は、同時により賢明でより豊かな人間性の進歩をもたらすと信じることができた。彼らが世界の多様性や不透明性に直面しながらも、人類の明るい未来を信じて疑わなかったのは、このような知識観によるものであった。けれども私たちは、20世紀の歴史を通して、知識や技術の進歩が人間性の進歩と必ずしも歩調を合わせて進むものではないことを学んだ。かつての人々が想像もできなかったような物質の、微細で精妙な仕組みを知ることは、人間性の豊かさと尊さを知り、それを尊重すること

へとつながるよりも、むしろ、何万もの人間をボタン一つで平然と殺戮することへと人々を導いた。人間と世界の発見として始まったルネサンスから今日までの歴史を通して、私たちは、人間性についての知識（つまりは、私たち自身についての知識）が世界についての知識ほどには進歩していないことに改めて気づかされる。次節ではこの点について考えてみたいと思う。

【文献】

    エウジェニオ・ガレン／近藤恒一訳『ヨーロッパの教育―ルネサンスとヒューマニズム［第2版］』サイマル出版会、1984年

    フランセス・A・イエーツ／玉泉八州男監訳『記憶術』水声社、2003年

    トマス・カンパネッラ／近藤恒一訳『太陽の都』岩波書店、1992年

    ジョスリン・ゴドウィン／川島昭夫訳『キルヒャーの世界図鑑―よみがえる普遍の夢』工作舎、1986年

    ヨハン・アモス・コメニウス／井ノ口淳三訳『世界図絵』ミネルヴァ書房、1988年）

    ドゥニ・ディドロ／佐藤文樹訳『ブーガンヴィル旅行記補遺』（『ディドロ著作集I』）法政大学出版局、1976年

    ドゥニ・ディドロ／杉捷夫訳『哲学者とある元帥夫人との対話』同上

    ドゥニ・ディドロ／野沢協訳『百科全書より「アグヌス・スキティクス」』（『ディドロ著作集II』）法政大学出版局、1980年

福沢諭吉『学問のすすめ』講談社、2006年

第4節 人間とは何か
～ ヒューマニズムと知識教育 ～

1.「善き文学」の教え

　私たちは第1節で、今扱っている固有の意味での知識とは異なるものとして、技能と並べて「知恵」というものについて考えた。人間はいかに生きるべきか、どのような行動が人間としてより美しく、より価値があるのか、人が人生で出会うさまざまな苦しみにはどのような意味があるのか、などなど、こうした人生の知恵は、経験によってこそ身に着くものであって、学校で先生から学ぶことのできるものではないと述べた。けれどもこれは、実は偏った考え方かもしれない。ルネサンスの代表的な人文学者であるエラスムスは次のように述べているからである。

エラスムスの教育論

　　「長い間かかってさまざまに経験した事柄は確かに有益なものをたくさん与えてはくれるのですが、それは賢人とか哲学の教えを勤勉に学んだ者にだけ言えることなのです。…加えて、30年間もの間に経験された多くの事柄よりも、哲学はたったの1年間でいっそう価値あることを教えるということをも考えてみてください。哲学の教えは安全に教えられますが、経験を通じて習い覚え

た事柄の方は、聡明さよりも有害なものを多くもたらすことになるのです」。〔エラスムス、1994〕（訳文は適宜改めてある）

　経験に先立ってまず優れた先人の教えを学ばせること、それも、できるだけ早い時期から学ばせることこそ、人を最もよく人生に備えさせることになるとエラスムスは述べている。この教育論は「子供たちに良習と文学とを惜しみなく教えることを出生から直ちに行う、ということについての主張」という長いタイトルを持つものである。つまり、ここで「賢人とか哲学の教え」と呼ばれているものを一言で表現すると、「文学」、あるいは彼がしばしば用いている言葉で言えば、「善き文学」ということになる。彼は、「文学を学ばぬ者は人間という名に値しない」し、さらには「貪欲な野獣」にも劣るものだと述べている。

　「文学」に対してこれほどまでに大きな教育的意義を与えるエラスムスの教育論に、今日の読者はある種の違和感を持つのではないだろうか。文学といえば今日の人々は小説や詩といったある特定のジャンルを思うだろうし、それらのものが、人間と人間以下のものを区別するような重要なものだ、という考え方は、一部の文学好きの人々にしか受け入れられないのではないだろうか。この違和感を埋め、エラスムスの言うことを私たちの今の視点で理解しようとするなら、「文学」という言葉がたどってきた歴史的変遷をごく簡単にでも確認しておく必要がある。

「文学」＝フマニタス

　かつて「文学」とは、現代アメリカの文学研究者であるイーグル

トンの言葉を借りて言えば、「社会の中でその価値を認められた文字表現（writing）の総体」を指していた〔イーグルトン、1997〕。英語やフランス語の「文学」（literature）という言葉は「文字」（letter）の集まりを意味する。したがってそこには今日で言う文学だけでなく、自然や政治や社会について文字で記述したあらゆるジャンルの作品が含まれていた。第1節で見たように、ヨーロッパにおける「書かれたもの」とは、長い間ラテン語とギリシャ語で書かれたもののことであった。

　さて、このような「書かれたもの」の総体としての「文学」が、ある特定の意味と価値とを付与されるようになったのが、ルネサンスという時代であった。彼らはフマニスト（現代よく使われるヒューマニストはこの英語版）と呼ばれ、エラスムスはその代表的な人物である。フマニストとは、書かれたものの中でも、人間性＝フマニタスについて書かれたものを、フマニタス＝文学と名づけ、そこに普遍的な人間性の表現と、人間形成的な価値とを見いだしていった一群の文学研究者のことを指す。例えば、エラスムスが善き文学として挙げているのは、アリストテレス、キケロ、セネカ、といった古代の哲学者や、プルタルコスのような歴史家の作品、そして、新約聖書のパウロ書簡などであった。

　ここに私たちは、ルネサンス時代の「文学」の特徴を見ることができる。第1にそれは、人間とは何か、人間はどう生きるべきかということをめぐって書かれた幅広い領域を含むものであった。第2に、それは、古代ギリシャ・ローマの著作とキリストの弟子のパウロの書簡とを、同じように人間形成的な価値を持つものとして位置づけている。ルネサンスは、異なる時代の異なる世界観によって書

かれたものを、「人間性」という普遍的な原理の下に、一つの「文学」として価値付けたのである。その根底には、人間というものが、そのさまざまな状況の違いにもかかわらず、その本質においては1つであり、善きものであるというゆるぎない人間観があった。善き文学というのは、この普遍的にして善きものである人間性を、最も生き生きと、最も見事に表現した書き物のことを指した。そしてこうした書き物を読み、そこに描かれた人間と触れ合うことによって、人は、自分の中に眠っている真の人間性を発見し、自己をよりよい人間へと高めていくことができると考えたのである。

規範的な文学

このような「文学」の特徴を一言で表現するなら、規範的な文学ということができるだろう。第1に、そこには、理念としての、かくあるべき、という理想的な人間像が存在しており、この人間像が人間形成の究極的な目的を読者に対して、具体的に指し示すものでなければならなかった。イェーガーという研究者はこのような人間形成の形を、ギリシャのパイデイアという考え方が残したヨーロッパ文化の遺産として高く評価している。

「諸民族によるあらゆる人間教育観の中でギリシャのパイデイアを独自なものにしている一つの本質的特徴は、それが学ぶ主体である人間の発展過程を熟慮したばかりでなく、学ぶ対象が持つ影響力をも考慮したことにある。もしわれわれが教育を、人間を形成する一つの過程とみるならば、学ぶ対象（教材）は主体を形成する際の鋳型の役割を演じる」〔イェーガー、1964〕（訳文は適宜改めてある）

エラスムスのフマニタスはギリシャのパイデイアの復興であったと言えよう。
　第2に、この文学はその形式においても、モデルとなりうるような規範的な価値を持つ優れた文体によって書かれたものでなければならなかった。優れた文体は、作者の優れた人間性そのものの表現であるとみなされた。エラスムスが挙げているキケロというローマ時代の作家の作品は、このような規範的な文学の典型としてルネッサンス時代に最も重視され、広く学校教育の場でテキストとして読まれたものである。読むことだけでなく、キケロの文体をまねて「書く」ことも、人間形成にとって重要な文学教育とされた。このように、フマニスムの教育とは、優れた人間性と一体となった優れた「文学」を「読み」、かつそれに倣って「書く」ことによる人間形成を意味していた。

2．ルネサンス教育への批判

事物なき言葉
　ところで、ギリシャ時代の理想的人間像は、第1節で見たように、あくまでもポリスという当時の具体的な共同体と、そこでの人間のあり方を抜きにしては理解できないものである。キケロの高邁な精神もまた、ローマの共和制が崩壊しようとする時代の危機意識が生み出したものだった。本来のフマニタスとは、こうした歴史的な状況の中でこそ、生き生きとその真価を発揮する「人間性」を求める文学研究だったのだが、それが「人間形成」の手段として、学校教育の中に制度化されたとき、しだいに人々から批判され、揶揄され

るようなものに変わっていくことになる。エラスムス流の教育がときに「事物なき言葉」と呼ばれて批判されたように、フマニタスの教育は、ギリシャ語やラテン語の文法や、古代作家の模範文の暗記や模倣に終始する、生命に欠けた形式主義的教育の代名詞ともなっていった。また、今や各国語の書き言葉が成立し、各国語による「文学」が盛んになってくると、古代のギリシャ語やラテン語はしだいに実用性を失い、そうなればなるほど、それは特定の階級の特権的な「教養」を誇示する排他的で無内容な装飾品に堕していった。こうして、18世紀ともなるとルネサンスのフマニタスの教育は、厳しい批判にさらされるようになった。

ルソーのフマニタス批判

　この批判の最前線にいて独特の教育論を展開したのが、第1節で触れたルソーである。ルソーは、言葉の教育に対して「事物」や「経験」を、特権的で装飾的なラテン語に対して素朴な民衆の使う単純で実用的なコミュニケーション・ツールとしての母語の教育を強調したが、それと同時に、「文学」の人間形成的な価値についても大きな転換をもたらした。

　思春期から青年期に近づいたころ、それまでもっぱら事物と経験の教育にゆだねられてきたエミールに、ルソーは「文学」を与える。そのとき彼が最も推奨している文学が、エラスムスも挙げていたプルタルコスの作品であったというのは、少し意外に感じられるかもしれない。18世紀とルネサンスが、ある意味では地続きの時代であったことがわかる。彼もまた、古代の古典のうちに、時代を超えて普遍的で変わることのない「人間性」を見いだし、それを青年の

人間形成に役立てようとしているのである。しかし彼が古典に求めているのは、もはや理想的な、規範としての人間像ではなく、偉大な勇気を示す一方で、虚栄心や小心さをも持ち合わせているリアルな、あるがままの人間の素顔である。プルタルコスがとりわけ彼の気に入っていたのは、この作家が、人間のこの素顔を最も端的に描き出す名人だったからであった。

　このような文学は、「人間とはどのようなものか」という問いの入り口に立つ青年期の若者に対して、ちょうどオリンピックの競技場の光景のように、あるいは、劇が演じられている舞台のように、世界を見せてくれる。

　　「今こそ歴史を学ぶときだ。歴史によって若者は、哲学の教えなしで、人間の心を読むことができるだろう。歴史によって彼は、利害も情念もなくただの観客として、また共犯者としてでも告発者としてでもなく、ただ判断する人間として、人間の心を見ることになる」〔ルソー、1986〕（訳文は適宜改めてある）

形成途上にある若者に、読書という入り口を通して、さまざまな悲喜劇の展開する世界という舞台を示すこと。依然として、古代作家の古典が教育的テクストとして評価されており、しかも「歴史」が人間を描く「文学」として取り上げられていることは、ルネサンスのフマニタスの伝統がいまだ続いていることを示している。しかしここでは、現実のあるがままの人間を描く歴史と、規範を教える哲学とが別の範疇に区別されたうえで、「哲学の教えなしに」人間を学ぶことが勧められている。

規範的文学からありのままの歴史へ

　歴史は模範を示すものではなく、人間の堕落も邪悪さも、美徳も悪徳も含めて、ただ事実だけを述べたものであるべきだ、とルソーは言う。事実そのものが若者に教訓を与えるのである。歴史は、人々が互いに出し抜きあう姿や、帝国に君臨した英雄たちがたどり着いた不名誉な死など、それを読むと「最初の驚きに続いて、すぐ、自分の同類たる人間を恥じ、さげすむ感情が生まれてくる」ような事実で満ちている、とルソーは言う。このようなありのままの歴史を読むことによって、エミールは、これらの英雄や偉人たちの誰一人とも代わりたくはないと思うだろう。

　歴史を学ぶことの効用は、こうして、ルソーによってすっかり逆転させられている。歴史を学ぶことによって、エミールは、歴史上の模範的人物を手本として人間形成するのではなく、むしろ、そうした人間よりも、ほかの誰でもない自分自身であることの喜びと大切さを学ぶのである。それはフマニタスの教育に対する完全なアンチテーゼと言うことができるだろう。

「自分自身」となるための教育

>　「一般に人が若者に歴史を読ませるやり方というのを見ていると、若者を自分が眼にするあらゆる人物に、いわば変えようとしているようなやり方である。つまり、なんとかして若者をあるときはキケロに、あるときはトラヤヌスに、あるときはアレクサンドロスにならせようとしているようなものである。そして、若者が自分の姿に戻ったときにがっかりさせ、自分は自分でしかないことを残念がらせるのである。…しかし、私のエミールについて言え

ば、そういう比較をして自分とは別の人間になりたいと思うことがたった一度でも起こるとしたら、この別の人間がソクラテスであろうと、カトーであろうと、それですべては終わりだ。自分自身と違う他の人間になろうとし始めるやいなや、人はやがて自分のことをすっかり忘れてしまうものである」〔ルソー、1980 [1]〕（訳文は適宜改めてある）

 ソクラテスやキケロのような古代の優れた人物に近づこうとするよりも、どんなときでも自分自身のうちに生きることのできる人間こそ、ルソーが『エミール』という作品で育てようとした人間であった。ルネッサンス的人間形成とは異なる、現代に至る近代的な人間形成の形がここに宣言されている。

3．近代的自我と文学

 しかし次に問われるべき問題は、この「自分自身」とはどのような存在か、ということだろう。この問題は、今日に至るまで、さまざまに取り上げられてきた。19世紀末から20世紀初めに生まれた心理学は、私たちが「自分自身」と言っているものは果たして何か、ということについて、実験や仮説、事例研究といった科学的な方法を用いて取り組んできた。20世紀の人間諸科学のあらゆる分野に大きな影響を与えた、フロイトの自我論はその典型的なものといえる。私たちは近代的自我の文学の起源とも位置づけられてきたルソーの中に、今日もなお参照枠となりそうな「自分自身」のとらえ方を見ることができるように思う。

『エミール』における自我

　ルソーは「自分自身であること」を、2つの局面から描いている。1つは『エミール』で展開されたもの、もう1つは、彼の自伝である『告白』によって示されたものである。この2つの作品が語る「自分自身」は、互いに両極端の形をしていながら、ちょうど互いに鏡に映ったように、あるいは、同じ図柄を表側と裏側から見たように、表裏一体のものと言うことができる。

　『エミール』において推奨されている「自分自身」とは、ルソーが「社会の中で生きる自然人」と呼んでいる存在である。自然人の最大の特徴は、他人との比較や他人の評価によって自らの幸・不幸を図る相対的な存在ではなく、自分の幸福の基準を自分自身の中に持つ、自足した絶対的存在だ、ということである。したがって、他者への憧れやその裏返しとしての嫉妬などは彼には無縁である。

　彼が他者に関心を寄せるのは、生きるために欠くことのできない必要性（それも彼は最小限の欲望しか持たないので、生きるための小さな畑と職人としての腕と、そして愛する妻だけで十分だ）と、もう一つ、自分も含めて人間誰しも避けることのできない不幸（病や老いや死）への共感だけである。

　名誉や栄光といった相対的な価値とは無縁なエミールにとって、歴史が物語る英雄たちの栄枯盛衰の姿は、ただ不思議で、滑稽で、無意味なものでしかないだろう。エミールのこうしたまなざしは、高い上空から地上をうごめく人々を俯瞰するまなざしにも似ていると言えるかもしれない。

『告白』における自我

他方、『告白』に語られている「自分自身」はこれとはだいぶ違う。『告白』冒頭の有名な文章は次のようなものである。

> 「私は自分の過去をありのままに示しました。軽蔑すべき、卑しかったときも、善良で気高く、崇高であったときもそのままに。私は、あなた自身が自分の内面を見たのと同じように、自分の内面をさらけ出しました。永遠の存在である神よ。私のまわりに、私の同胞をたくさん集めてください。彼らに私の告白を聞かせ、私の卑しさに嘆きの声を上げ、私の惨めさに顔を赤らめさせてください。(中略)そして『私はこの男よりも善い人間だった』と言える人が一人でもいるならば、言ってほしいのです」〔ルソー、1986 [2]〕(訳文は適宜改めてある)

実際『告白』には卑しく恥ずべき事柄がたくさん出てくる。若いときの放縦の数々、自分が好意を寄せていた女中に盗みの罪を着せたこと、内縁の妻との間の子どもを次々と捨て子したこと…。熱しやすい情熱とともに、うぬぼれ、劣等感、嫉妬、恨み、ありとあらゆる情念(『エミール』や他の作品では「悪しき情念」と呼ばれている数々)がこの作品の全編に満ちていると言って過言ではない。この作品における「私」のいる場所は、エミールが歴史書を通して、一観客として冷静に観察させられた人生という舞台、世界という舞台そのものであって、そこに身も心も巻き込まれ翻弄されている彼は、地を這うもののまなざしでこの世界を見ているのである。

これは実際にルソーが経験した「人間形成」の姿である。それは、

エミールが享受できたような「自分自身」には決してなれなかった人間の物語であった。それは真の自分自身であることができず、そうであればこそいっそう自分自身であろうとし続けた、分裂した魂の記録である。ライオネル・トリリングは、ルソーのこうした分裂した魂を、精神の発展過程を論じたヘーゲルの表現を借りて、「恥辱を自ら招きながら同時にそれを超越している」と評している〔トリリング、1989〕。『告白』の混沌とした魂のあり方には、真の自我を追求し続ける一貫した動きがある。いわば『告白』のルソーは、エミールが周到な教育によってあらかじめ与えられた真の自分自身を、多くの過ちや紆余曲折を通過しながら、自分自身の力で獲得しようとしているようである。このような魂の物語を、トリリングは、自己への誠実さと本物の自我を追い求める「近代的自我」の文学と呼んでいる。

4．現代における人間形成の問題

ルソーがルネサンス的人間形成に対して、このような新しい人間形成の形を提起してから、2世紀以上がたった。この間に、私たちが今考えているテーマと関連して生じた主な出来事を列挙しておこう。

人文科学と小説の発達

第1は、人間を客観的な認識対象とした人文諸科学の発達である。その一つが、上で触れた心理学である。それとともに人間研究は文学の専売特許ではなくなった。ルソーの時代から少し後の時代までは、「人間の心」を知りたいと思う若者は、歴史、次いで小説を中

心とする文学を学ぼうとしたが、今では、そうした若者はこぞって心理学へとなびいている。

　第2の変化は、前で見たように、文学の中で小説というジャンルが主流を占めるようになったことである。ルソーの時代、小説はまだあまり素性のよくない怪しげな存在であった。例えば、『国富論』で有名なアダム・スミスは『修辞学・文学講義』の中で、重要な内容を叙述する古代作家のものと小説を区別した。

> 「新奇さが小説の唯一の真価であり、好奇心がわれわれに小説を読ませる唯一の動機であるので、作家たちは、好奇心を持たせ続けるために、事件を未解決にしておくという方法を用いることが必要となる。古代の詩人たちは、この方法には決して頼らなかった。叙述される内容が重要なものであれば、読者の興味をつなぎとめることができる、と彼らは信じている」〔ロージアン、1972〕

　しかし、19世紀にはこの小説が、古代の作品と肩を並べる重要な作品としての地位を獲得した。今日、フローベールやドストエフスキーやその他の作品を、新奇さだけを頼りにする娯楽作品と断ずる人はいないだろう。小説は古代の作品のように、高貴な英雄たちや賢人たちの「重要な」事柄を扱うのではなく、多くは、平凡な（時として凡庸な俗物である）人々の、私的でささやかな出来事を扱う。時に愚かしくも滑稽でもある彼らの行動を描きながら、そこに人生の真実を浮き彫りにする小説は、今日では、最も「文学」の名にふさわしいものと人々に受け取られるに至った。

「国語」、グローバル文化、情報社会

　第3の出来事は、国民国家と国民文学の隆盛である。小説の隆盛はこのことと深く関わっている。小説は、古典語ではなく「国語」で書かれている。19世紀末ともなると公教育の普及に伴い、国語の読み書きができる国民が形成されていた。小説は雑誌や新聞の連載などを通して多くの読者を獲得していった。また、そうした読書を通して逆に国語が整備され、国民としての意識が創られていった。アンダーソンは、国民国家というものが人々の意識のうちに形作られ根づく上で、こうした出版ジャーナリズムと小説との果たした大きな役割を強調している〔アンダーソン、1997〕。

　第4には、20世紀末に先進国に共通して広がった状況について触れなければならないだろう。グローバライゼーションと情報化社会という言葉で表現されている状況である。今や、英米産のロック音楽が日本や韓国の若者たちを熱狂させ、日本のアニメーションが世界中で受け入れられる時代である。長い間教養や知識の源泉であった書物の地位は、電子の波に乗って一瞬にして世界中をかけめぐる情報にその地位を脅かされているように見える。文化というものの質が大きく変わり、それに伴って若者の人間形成の形も、いまだかつてない変化を被りつつある。

新しい教養と善き読み手の形成

　こうした中で、かつてのルネサンス型の古典による人間形成とルソーの「誠実な自我」の追求という2つの形の人間形成が、いま、改めて問われているように思われる。1980年代のアメリカで、若者たちがはやりの音楽や安っぽい映画にしか興味を示さなくなった

ことに、教養の危機を感じたアラン・ブルームは、改めて若者に「古典文学」を読ませることの重要性を主張した〔ブルーム、1988〕。このとき彼が挙げているのは、ギリシャ、ローマの古典だけではない。プラトンからルソーも含めて、近現代の思想家、小説家のさまざまな作品が含まれている。それらを読めば、「人々はよりいっそう真実に、また完全に生きることができるかもしれない」と彼は言う。「古典」と評価されている作品が、「本質的存在」としての人間に触れる機会を与えてくれる、というブルームの言葉は、確かに、現代の混沌とした価値観に対する確固とした支えを求める私たちに訴えるものを持っている。しかし、何が人間形成にふさわしい古典かということを問い始めたとたんに、私たちは壁に突き当たらざるを得ない。エラスムスのような確信をもって答えることは現代の私たちには困難だろう。

　一方、ルソー的な「誠実な自我」の追求は、むしろ近代以降の人間形成論の主流をなしてきたように思われるが、しかし、そこにはまた同時に、それを自我の肥大化や公共性への関心の欠如をもたらすものとして非難する声も常に付きまとってきた。

　いずれにしても、「人間とは何か」という問いに対して、学校教育が知識教育を通してはっきりとした答えを与えることのできる時代に私たちが生きてはいない、ということは明らかである。そしてまた、「古典」と呼ぶかどうかは別として、何らかの「文学」がこの問いに対して立ち向かうための力を与えてくれるだろう、ということも確かである。この「文学」との出会いの形はおそらくさまざまであり、その力の形もまた読み手によって異なるはずである。学校教育ができることは、善き読み手を形成するための知識教育を模

索することではないだろうか。

【文献】

D・エラスムス/中城進訳『エラスムス教育論』二瓶社、1994年

T・イーグルトン/大橋洋一訳『文学とは何か——現代批評理論への招待 [新版]』岩波書店、1997年

W・イェーガー/野町啓訳『初期キリスト教とパイデイア』筑摩書房、1964年

ジャン・ジャック・ルソー/樋口謹一訳『エミール』白水社、1986年 (1)

ジャン・ジャック・ルソー/小林善彦訳『告白』白水社、1986年 (2)

ジョン・M・ロージアン編/宇山直亮訳『アダム・スミス修辞学・文学講義』未来社、1972年

ライオネル・トリリング/野島秀勝訳『<誠実>と<ほんもの>——近代自我の確立と崩壊』法政大学出版局、1989年

ベネディクト・アンダーソン/白石隆ほか訳『想像の共同体——ナショナリズムの起源と流行 [増補]』NTT出版、1997年

アラン・ブルーム/菅野盾樹訳『アメリカン・マインドの終焉——文化と教育の危機』みすず書房、1988年

第3章

教育システム
〜 社会の中の教育 〜

田中　智志

第1節 教育と機能的分化

　ここでは、教育という営みを社会学的にとらえてみたい。教育を社会学的にとらえることでも、教育を行う上で大切なことが見えてくるからである。教育現場で先生たちが真摯な努力を重ねているのに、調査によると、子どもたちの多くが未来への希望を失っている。たしかに教育論議はかまびすしいが、肝心の子どもたちは蚊帳の外ではないだろうか。

　本来、学校は子どもたちの学び、人生を支援し鼓舞する場所でなければならない。それがなかなか十分にできない理由はどこにあるのか、教育の社会学的な考察は、その理由を示してくれる。

1．教育システムとは何か

3種類の学校経験

　子どもたちは、それぞれのペースで、それぞれの個性（固有性）を発現させながら成長していく。学校教育は、そうした子どもたちの成長を支援する働きかけである。この学校における子どもたちの成長の経験を「学校経験」と呼ぶとすると、それは大きく2つに分けられるだろう。

　1つは、教師の援助を受けながら、知識・技能を学び成長すると

いう経験、つまり知的成長（知的発達）の経験である。それは、さまざまな教科の学習、またプロジェクト型の活動を通じて、今までわからなかったことがわかるようになる、今までできなかったことができるようになる、という経験である。

　もう1つは、他者との関係の中で人間的に成長する（道徳的・倫理的に成長する）という経験である。それは、例えば「運動会のときに、みんなで助けあう大切さを学んだ」という経験や、「すぐれた人物との出会いによって、金銭や名誉を超える大切な価値を見いだした」といった経験である。

　しかし子どもたちは学校で、こうした知的・人間的な成長の経験とは異なる経験をする。それは教師や学校から自分の能力を評価され、その評価によって自分の価値が決定されるという、評価の経験である。この経験は、否定的評価の場合と肯定的評価の場合とでは、正反対の意味をもつ。一般に、肯定的評価が続けば、自己イメージが高まり、学習意欲も将来への希望も高まるが、否定的評価が続けば、自己イメージが低下し、学習意欲も将来への希望も低下する。

3つの教育機能

　さて、知的成長も、人間的成長も、そして評価も、学校が担ってきた教育機能（教育システムとしての機能）に対応している。知的成長は学力形成（能力形成）という機能につながり、人間的成長は人間形成（人格形成）という機能につながっている。そして、評価は選抜（選別）という機能につながっている。

　この3つの経験、3つの機能が大きな矛盾もなくつながるなら、学校に重大な問題は生じない。しかし、後ほど確認するように、実

際には知的成長と学力形成の間にも、人間的成長と人間形成の間にも、ずれが生じる。さらに人間形成と選抜との間にも、ずれが生じる。そうしたずれを生みだす原因はいろいろあるが、最も基本的なその原因は、現代社会が機能的に分化していることであり、学校教育システムの一部であることである。

まず第2項で、知的成長という営みの特徴、それに対応する学力形成という教育機能の特徴を確認する。第3項で、人間的成長という営みの特徴、それに対応する人間形成という教育機能の特徴を確認する。第4項で、評価という営みの特徴、それに対応する選抜という教育機能の特徴を確認する。第5項で、現代社会の社会構造と教育システムの機能との関係をまとめてみたい。

2．知的成長と学力形成

知的成長

人間の知的成長は、事物についての、人間存在についてのとらえ方の更新であり深化である。それは継続的に世界・他者・自己がより深く、より広く、より正しくとらえ直されることである。

事物のとらえ方は、人の行動に決定的な影響を及ぼす。例えば近年になるまで、人々は漠然とであろうが、地球（自然環境）を何でも呑み込んでくれる無限の広がりととらえてきた。フロンガス・二酸化炭素を排出しても、地球がそれをすべてうまく拡散し処理してくれると考え、地球環境そのものが悪化するとは考えなかった。その結果、地球温暖化という大きな環境問題が生じた。

知的成長の主要な契機は、知識である。知識は一般に、言葉（記

号を含む）で表現されている。ただし、言葉は単独で存在しているのではなく、哲学者のフーコー（Foucault, Michel）の言葉を用いるなら、「言説」（discourse）という広がり、社会学者のルーマン（Luhmann, Niklas）の言葉を用いるなら、「意味世界」（Semantik）の広がりの中に位置づけられている。言葉に一定の意味を与えているものは、この意味世界である。したがって知的成長は、単に言葉を知ることではなく、一定の意味世界になじむことである。

　同じ言葉も、どのような意味世界に位置づいているか、その違いによって違ってくる。例えば、strike という英語は、経済学の世界では「ストライキ」（就業拒否）を意味しているが、野球の世界では「ストライク」（一振）を意味し、軍事の世界では「急襲・空襲」を意味している。つまり知的成長は、単に言葉を知ることではなく、一定の意味世界になじむことである。

　もっとも、知識の中には、言語化されにくい知識もある。それは経験の中で、経験そのものとして学ばれるものであり、身体が覚えているという意味での「身体知」、ポランニーの言葉を用いるなら「暗黙知」と言われる知識である〔ポランニー、2003〕。

　それは、具体的に言えば、例えばピアノの運指、自転車の乗り方、泳ぎ方、車幅感覚、顔の判別、幼児の喋り方などの「方法知」（ノウハウ）である。こうした身体知暗黙知を習得する方法は、基本的に実践的な訓練・経験であり、身体感覚の形成である。

学校の学力形成

　学校は、子どもたちに知的成長を強く求め、子どもたちの学力形成（知性形成）を推進し支援している。学力（知性）概念は、論者

によって異なるが、基本的に学校で教えられる教科に即した知的能力を意味している。言い換えるなら、学力は、子どもが「学校知」（スクールナレッジ）を内面化することで得る知的能力を意味している。したがって、最も一般的な学力は、教科（スクールサブジェクト）ごとにテストによって測られる学力である。小学校で言えば、国語・算数・理科・社会などの各教科のテストの結果によって、想定される内在的能力である。

しかし近年、より広い視野のもとに学力概念が再編されている。その一つが、教育心理学者のガードナー（Gardner, Howard）が提唱する多元的知性（multiple intelligences）論に基づく学力概念である。ガードナーは、知性を次の8つに分けている。

①言葉を、把握し記憶し活用する言語的知性　②事物の位置・速度・関係を、把握し記憶し活用する空間的知性　③記号・数を、把握し記憶し活用する数理的知性　④音楽を、把握し記憶し演奏する音楽的知性　⑤身体を、把握し記憶し活用する身体活動的知性　⑥自他の感情を、把握し記憶し制御する内省的知性　⑦さまざまな社会的関係を、把握し記憶し活用する社会的知性　⑧自然を、理解し命を育み相互に支えあう自然生命的知性である〔ガードナー、2003〕。

こうした多元的知性論を踏まえる場合、学力は、これまでのような一つ一つの教科に即した教科単独の学力ではなく、複数の教科にまたがる教科横断的な学力である。例えば、空間的知性は、図形・グラフを扱う算数・数学にも必要であるし、地図・地形を扱う社会・地理にも必要である。さらに攻撃・防御の陣形を扱う体育・スポーツにも必要である。ただし、こうした多元的知性論においても、想定されている学力は、基本的に内在的能力である。

知的成長と学力形成とのずれ

　子どもたちの知的成長は、学校の学力形成とうまく符合する場合もあれば、大きくずれる場合もある。2つがうまく符合する場合は、子どもが既存の社会秩序の中で権力・財力・名声などを得たいと思っている場合である。この場合、子どもの知的成長は、社会的・経済的に有用な能力の開発に向かうからであり、学校の学力形成は、多くの場合、そうした有用な能力の開発を指向しているからである。

　しかし、子どもが、ただ知りたい思って学んでいる場合、子どもの知的成長は、学校の学力形成からずれることがある。子どもに限らず、人は事象（ひと・もの・こと）の意味を知ることで、安心や喜びを得ている。言い換えるなら、人は、わけのわからない出来事を因果的・論理的に理解することで、安堵したり感動したりする。この、いわば「学びのための学び」は、当人の興味関心のおもむくところに向かい、推移していく。その結果、人は、国家の発展にも、経済の発展にも、自分の将来の成功にも役立たないものに、夢中になってしまうことがある。

　このように、子どもの知的成長と学校の学力形成とがずれるとき、学校は厄介な問題に直面せざるを得ない。いわゆる「学習意欲」の問題である。すなわち、子どもが興味関心のないものを学ぼうとしないこと、教師が、自発的に学ぼうとしない子どもをなんとか学ばせようとすることである。このやっかいな問題を解決するために、19世紀以来、さまざまな教育方法が考案されてきた。例えば、権威主義的な方法、体験重視の方法、個性尊重の方法、共同活動的な方法などである。

3．人間的成長と人間形成

人間的成長

 しばしば映画やテレビドラマで描かれているように、子どもたちは、他者とかかわる中で、混乱したり失敗したりしながら、自分自身を振り返り、よりよい自分へと自分自身を高めていく。こうした子どもたちの人間的成長の礎は、少なくとも2つある。

 1つは、子どものモラリティ（道徳性・倫理性）と表現するほかないものである。これは、よりよいものを求めようとする意志ないしハビトゥスであり、近代教育学が「良心」「理性」「神性」「人格」などと呼んできたものである。モラリティの発動する契機は、自己の振り返りであるが、単に自分で自分を振り返るだけでは、人間的成長につながっていかない。自分の自己反省が人間的成長につながるためには、自分を振り返る自分（反省する自分）がすでに倫理的であり、崇高なものを指向していなければならない。

 人間的成長のもう1つの礎は、現象学のいう、「他者との関係性」（relatedness）である。すなわち友人との絆、親との絆、教師との絆、場合によっては、神との絆である。人は、誰かと結びあい、誰かによって支えられることで、振り返る自分のモラリティを高めることができるからである。言い換えるなら、人は自分の尊敬する誰かによって自分のモラリティが後押しされるときに、強くなれるからである。くじけそうになる自分を支えてくれる「誰か」は、すぐれて倫理的でなければならない。その意味で、最もわかりやすいその「誰か」は、キリスト教の神かもしれない。

学校の人間形成

　学校は、こうした子どもの人間的成長を強く求め、それを支援するために「道徳教育」を行ってきた。道徳教育の中心は「人間形成」(「人格形成」)である。「人間形成」という言葉はさまざまな意味をもっているが、主に個人性と社会性の形成である。個人性は自律性(autonomy)であり、人が自分で自分を制御し、よりよい自己・社会を目指すことである。社会性は、しばしば見返りを期待して行われる社交性(social skills)と混同されているが、本来のそれは、他者への無償の配慮であり、相互扶助(reciprocity)、協同活動(association)である〔Dewey, 1996, LW. 2：20〕。

　個人性と社会性の関係は、対立関係ではなく相補関係である。個人性は、社会性によって基礎づけられ、社会性は個人性によって活性化するからである。デューイの言葉を借りて言えば、「個人主義」は、個人性と社会性の相補性を看過し、「人は自分ひとりで生きている」と夢想することである〔Dewey, 1996, MW. 9：49〕。その意味では、個人性は、人が社会性を生きているときにのみ成り立つ存在の様態であり、社会性を看過する個人主義は幻想である。

人間の完全性

　こうした人間形成論の歴史をたどろうと思えば、長い系譜を見いだせるが、西欧で「人間形成」(「人格形成」)という言葉が使われるようになったのは、18世紀である。その後、今日に至るまで、この言葉は近代教育の中心に位置づけられてきた。日本の場合「道徳の時間」のみならず、さまざまな場面で、正直、勤勉、思いやり、命への畏敬など、「醇風美俗」に通じる道徳規範の形成が行われて

きた。そうした営みの総体が、学校の人間形成である。

　学校の人間形成は、社会情況に左右されてきたが、何よりも近代教育学に大きく規定されてきた。たしかに戦争状態にある場合には、国家のための滅私奉公に傾いた人間形成が強調されるし、国際的な経済競争が激しい場合には、競争を指向する人間形成が強調される。しかし近代以降の学校教育の歴史を振り返るなら、学校では、基本的に近代教育学的な人間形成論が最も重視されてきた。その基本は「人間の完全性」（英語 human perfection／フランス語 perfection humaine／ドイツ語 Vollkommenheit des Menschen）を指向することである〔Luhmann/Schorr, 1988〕。

　人間の完全性という概念は、一様ではないが、基本的にキリスト教に由来する概念であり、人間は人間的ないし倫理的に神（イエス）のような完全性に到達できるように、努力し続けるべきであるという考え方である。それは決して人間の全能力を調和的に発達させることではない。近代教育学の創設者であるカントも、その後継者であるヘルバルトも、そして近代教育学を批判し教育社会学を提唱したデュルケームも、さらに近代教育を批判し進歩主義教育を提唱したデューイも、いくらか変異をともないながらも、人間の完全性を前提にして教育論を展開している。

　こうした人間の完全性論においては、教育者は人間的・倫理的な「人格者」でなければならない。教育者は、子どもを「神の似姿」（Imago Dei［イマーゴ・デイ］）に導く存在でなければならないからである。おそらくこれが、今でも残っている「教師聖職論」の原型であろう。

人間的成長と人間形成のずれ

　さて、子どもの人間的成長と学校の行う人間形成とは、大きくずれる可能性をはらんでいる。例えば、人間的成長が個人主義に傾いているとき、学校の人間形成が共同体主義に傾いているなら、そこには少なからぬ葛藤が生じる。また、子どもがグローバルな活動を求めているときに、教師が愛国心を強調するなら、そこにもやはり葛藤が生じる。そもそも学校で知識として教えられるものは、基本的な生活習慣や道徳規範にとどまり、人間的成長の核となるような生きることの本質、無償の愛、自己犠牲、協同活動は、学校の意図的な教育活動になじまないかもしれない。

　近代教育史の中で、子どもの人間的成長と大きくずれた学校の人間形成的な営みをあげるなら、それは哲学者のフーコーが「規律化」(「規律訓練」discipline) と呼んだ教育方法であろう〔フーコー、1977〕。規律化とは、アメリカ、ヨーロッパにおいては、およそ19世紀初期から20世紀末期に至るまで、そして日本においては、ほぼ19世紀末期から近年に至るまで、学校教育において広く用いられてきた教育方法であり、その主な特徴は、監視・競争・制裁である。

　規律化の目的は、子どもの自律性の養成であるが、実質的に規律化によって形成されるものは、学校空間に充満する学校的規範に自ら従うという自発的な他律性である。規律化においては、子どもは自分の意志で自分を制御するのではなく、学校空間が備える監視(サーヴェイランス)・競争(コンペティション)・制裁(サンクション)で自分を制御するからである。

　監視は、〈誰かに見られている〉という意識を作り出すことによって、子どもに自分の言動を制御させる方法である。例えば、「朝の会」

や「帰りの会」で、気づいたことを報告し合い、よいよい学級作りを行うという相互監視や、班活動において、一人の逸脱行動の責任を全員が取るという連帯責任などである。子どもは、こうした監視の経験を重ねると、実際に誰かに見られていなくても、誰かの視線を気にし、自分で自分を制御するようになりうる。これは、監視される者が監視する者の視線を内面化し、その監視する者の目を恐れて、自分で自分を制御することである。

　競争は、〈人に負けたくない〉という気持ちを作り出すことによって、子どもに自分の言動を制御させる方法である。例えば、「この問題、わかる人は？」という教師の問いかけから、「お兄さんはよくできたのに…」という親の嘆息まで、そして期末テストや入学試験、コンテストやスポーツ大会にいたるまで、学校には多くの競争があふれている。競争に何の関心もない子どもや、競争に道徳的嫌悪感を抱いている子どもは、競争を強いられることに大きな心理的ストレスを感じるが、多くの子どもは、競争の場面を経験するうちに、しだいに競争による自己制御になじんでいく。

　制裁は、〈罰を受けたくない〉という気持ちを利用して、子どもに自分の言動を制御させる方法である。例えば、テストの結果を貼り出したり、成績の順に席を決めたりすることである。この〈罰を受けたくない〉（もっといい子にならなければ）という経験を重ねると、実際に罰する人がいなくても、「普通」であろう、「規格」どおりであろうとし、自分で自分を制御するようになる。

4. 評価と選抜

「恐ろしい宣告」から「うれしい言葉」へ

　こうした規律化の方法は、現代の学校で行われている評価と無縁ではない。第1に、現代の学校の評価は、一般に制裁の意味を少なからず含んでいるからである。評価する教師と評価される子どもの関係は、裁断的な上意下達関係にあるからある。それは、評価する教師が上位者、評価される子どもが下位者で、両者の間に応答的・共同的な関係がないという状態である。

　こうした裁断的な上意下達関係のせいで、教師から否定的評価を繰り返し受ける子どもは、次第に自己表現、自己活動を嫌がるようになり、学びから遠ざかってしまう。彼ら・彼女らにとって、教師による評価とは、自分の存在自体が否定される「恐ろしい宣告」だからである〔佐伯、1995〕。

　しかし、1980年代から強調されてきたように、評価の言葉は、工夫しだいで子どもたちにとって「うれしい言葉」にもなる。評価が自分でどこまでわかっているのか、自分ではわからないときに、専門家がこと細かく分析し、わかっていないことを丁寧に教えてくれることであるなら、その言葉は、子どもにとって「うれしい言葉」である。つまり、評価は、やり方しだいで、子どもにとって「恐ろしい宣告」から「うれしい言葉」に変わるのである。

　子どもを励ます（エンカレッジする）評価の仕方は、「アセスメント型の評価」と呼ばれている。アセスメント型の評価は、2つの特徴を持っている。1つは、教育者を学習者同士を競わせる第三者の

立場におくのではなく、学習者一人ひとりの学びを支援する立場におくことである。もう1つは、学習者を受け身の立場ではなく、教育者の作成した評価規準を参照しながら、自分自身の思考・行動をトレースし自己評価する立場に置くことである〔田中・今井、2008〕。

　アセスメント型の評価も、旧来のテスト型の評価も、評価の手段そのものは、それほど大きく違わない。アセスメント型の場合、ペーパーテストに具体的な活動（ハンズオン活動）が加わるくらいである。しかしペーパーテストの場合でも、解答方法は大きく異なる。アセスメント型の場合、択一式・短答式ではなく自由記述式である。また評価規準も正誤の二分法ではなく、多元的な観点・水準から評価するという方法である。さらに評価活用の方法も、一方的な通告ではなく、学習者と教育者が共に自己点検のために利用するという方法を採っている。

達成性への指向

　こうしたアセスメント型の評価は、子どもの学びを支援するうえで、確かに有効であるが、アセスメント型の評価も、旧来のテスト型の評価と同じように、能力・成績・業績などの達成性（アチーブメント）の多寡(高低)を問う行為である。この達成性を問う評価は「できない状態よりもできる状態のほうがよい」という、ごく普通の価値判断に根ざしている。

　しかし、人の評価が達成性の評価に特化されることは、近現代的（モダンな）事象である。達成性への指向は、学校教育だけに見られるのでなく、経済活動・文化活動・医療活動など、近現代社会全体に見られる。これは、近現代社会が基本的に、血統・人種・民

族・性別・家柄・身分などの当人の生得性（アスクリプション）よりも、能力・成績・業績などの達成性を重視する「メリトクラシー」（meritocracy メリット［すなわち能力・成績・業績など］がとても重視され、それが選抜・配置の基準であること）に彩られた社会であるからである。

　もちろん、実際に生きている子どもの力は、その子どもの点数や学歴に等しいものではない。テスト・試験などによって測定され、評定された子どもの達成性は、子どもの力の一つの表象（代理記号 representation）にとどまる。力の表象は、いわば力という氷山の一角にすぎない。人の持つ力は、力の表象をはるかに超えた広く深いものである。

能力表象の生みだす負の効果

　近現代社会において、こうした達成性への指向は（メリトクラシー）、3つの負の効果を生み出している。

　それは第1に、人間の固有性（代替不可能性・かけがえのなさ）を見えにくくすることである。子どもだけでなく、現代社会を生きる人々の多くは、成績、業績、学歴などを経由して、他者とかかわる社会を生きている。私たちは、達成性をメディアとして人間関係、社会関係を形成している。そのため、現代社会では「人となり」「人の顔」が見えにくい。人の生得性は、他の人と交換できない固有性を含んでいるが、人の達成性は、すべて他の人のそれと、原則上、交換可能だからである。

　第2に、達成性は、子どもの学びの喜びを覆い隠しがちである。現代の日本やアメリカのように、メリトクラシーが広がる社会にお

いては、学校で子どもが学ぶ知識技能は、子どもたちにとって有意味であるかどうかを離れ、一人ひとりの成績に換算される。そして、その成績の多寡が、子にとっても親にとっても最大の関心事になる。つまり学びが、今ここを生きる本人の情動・情感から離れて、学校的成功の、就業的成功の、そして職業的成功の手段に還元されていく〔浜田、2005〕。

　第3に、このように、達成性を介した関係は、本当に必要な人生の自己評価を覆い隠しがちである。人が人として生きる上で最も重要な評価は、国家・企業が必要とする達成性の評価ではなく、自分の人間的成長についての、言い換えるなら、自分の人生についての自己評価である。「私の人生は本当にこれでいいのか」と自分に問いかける道徳的評価が、最も重要な評価である。そして自分の人生を本当に評価できるのは、自分以外にいない。しかし、能力評価が社会的に重視される風潮の中では、人生の自己評価は脇におかれる傾向にある。

5．現代の社会構造

機能的分化

　さて、近現代の教育および社会において達成性が強調されるのは、近現代の社会構造が基本的に機能的分化だからである。機能的分化とは、機能（function）によって人の役割・職務が細かく決定される状態である。機能とは、新しい商品、新しいデザイン、新しい発明発見など、何らかの利潤便益を生みだす能力、何らかの問題解決に役に立つ能力である。

近現代社会が必要としている機能は、いくつかにカテゴリー化されている。主なものは、政治的機能、経済的機能、司法的機能、学術的機能、教育的機能、医療的機能などである。これらの機能は、その機能にふさわしいコミュニケーションのシステムを形成している。政治的機能は、国家連合・国家・地方自治体などからなる政治システムを形成し、経済的機能は、企業・市場などからなる経済システムを形成している。司法的機能は、裁判所・法律事務所などからなる法システムを形成し、学術的機能は、大学・研究施設・学術団体などからなる学術システムを形成している。さらに、教育的機能は、大学・学校・家庭などからなる教育システムを形成し、医療的機能は、病院・診療所などからなる医療システムを形成している。近現代社会は、これらの機能システムの集合体である。

　近現代社会を構成する機能システムの機能は、2種類に分けられる。1つは対他的機能、すなわちほかの機能システムや全体社会の問題解決の要請に応えることである。もう1つは対自的機能、すなわち自分のシステムの問題解決の要請に応えることである。ルーマンが詳細に論じているように、機能システムは、他のシステムの要請に応えて自分を再構築したり、自分で自分の構造を再生産したりするという意味で、自己創出システム（autopoietic system）である〔Luhmann, 1988〕。

教育システムの主要な機能

　教育システムの主要な機能は、もちろん「（子どもを）教育すること」であるが、これは対他的機能である。それは、これまで示してきたように、学力形成、人間形成、選抜という3つの機能に分け

られる。ごく大まかに言えば、人間形成は、特定のシステムからではなく、社会全体からの要請を受けて教育システムが担ってきた教育機能であり、学力形成・選抜は、主に政治システム、経済システムからの要請（例えば、教育政策）を受けつつ、教育システムが担ってきた教育機能である。

そして教師・教育学者は本来、教育システムの機能不全（いわゆる「教育問題」）を言語化し、その解決を図るという役割を担っている。これが教育システムのもう1つの機能、すなわち対自的機能としての自己反省（自己反照＝セルフ・リフレクション）である。

近現代社会を大きく規定している機能（有用性）は、実利に直結する機能と、それ以外の価値につながる機能に分けられる。そして実利に直結する機能は、他の価値につながる機能を上回る傾向にある。それは、ものごとをすべて金銭・名誉などの目的達成の手段に還元する有用化（手段化）の風潮を生み出している。それは言い換えるなら、利益になるもの、役立つものが価値あるものと見なされ、そうした功利的価値によって人が価値づけられ、配置されたり排除されたりすることである。

こうした有用化の風潮は、学校現場に大きな影響を与えている。それは、学校から寛容性（緩やかさ）が奪われることである。例えば、有名校への進学実績、一流企業への就職実績、資格免許の取得実績などによって、学校の価値が決定されるために、子どもたちが絶えず競争へ駆り立てられることである。また例えば、いじめ、暴力事件が発生すると、1990年代のニューヨーク市に導入されたゼロ・トレランス政策をまねた、厳罰主義の教育、相互の監視体制が導入されることである。それらは、教育実践がかつての規律化へ回

帰することを意味している。

　学校から寛容性が奪われることは、また子どもたちから心のゆとりが奪われることである。それは子どもたちが、常に競争に駆り立てられ、能力の多寡だけで評価されることで、心理的ストレスをため込むことであり、そのストレスによって、子どもが他者の差異や他者からの批判に我慢できなくなり、嫌悪感や不快感をつのらせ、やがて暴発していくことである。

　資格取得や成果達成を重視する有用化の風潮は、無償の愛、相互扶助という、人が生きる上で必要不可欠なモラリティを看過することにつながるだろう。その危険性を最も明敏に察知しているのは、教育現場で働き、日々、子どもたちに接している教育者である。しかし教育者は、煩雑な学校事務処理に追われ、教育問題の解決に積極的に参加できない情況に置かれている。政治システム、経済システムからの教育システムへの介入は目立つが、教育システムを構成する教育者の意見・見解は十分に政策に反映されていない。これは、教育システムのあり方として健全とは言えない状態である（第4章参照）。教育システムの問題は、教育システムの外から把握されると同時に、教育システムの内からも把握されるべきであり、とりわけその解決策は、教育システムの構成者自身が積極的に参画できる、自己刷新活動でなければならないからである。

【文献】

　佐伯胖『「わかる」ということの意味』岩波書店、1995年

田中智志『人格形成概念の誕生——近代アメリカ教育概念史』東信堂、2005年

田中智志・今井康雄編『キーワード現代の教育学』東京大学出版会、2008年

田中智志・山名淳編著『教育人間論のルーマン』勁草書房、2005年

浜田寿美男『子どものリアリティ 学校のバーチャリティ』岩波書店、2005年

ジグムント・バウマン/中島道男訳『廃棄された生——モダニティとその追放者』昭和堂、2007年

ピエール・ブルデュー/石井洋二郎訳『ディスタンクシオン——社会的判断力批判』I・II 新評論、1989～90年

Dewey, John ; *The Collected Works of John Dewey, 1882-1953: The Electronic Edition,* edited by Larry A. Hickman. Charlottesville, Virginia: InteLex Corporation, 1996

Dreeben, Richard ; *On What is Learned in School.* Reading, MA: Addison-Wesley, 1968

ミシェル・フーコー/田村俶訳『監獄の誕生——監視と処罰』新潮社、1977年

ハワード・ガードナー/黒上晴夫監ほか訳『多元的知能の世界——MI理論の活用と可能性』日本文教出版、2003年

Luhmann, Niklas ; *Soziale Systeme: Grundriß einer allgemeinen Theorie.* 3 Aufl. Frankfurt am Main: Suhrkamp Verlag, 1988

ニクラス・ルーマン/村上淳一訳『社会の教育システム』東京大学出版会、2004年

Luhmann, Niklas und Schorr, Karl Eberhard. 1988 *Reflexionsprobleme der Erziehungssystem.* 2 Aufl. Frankfurt am Main: Suhrkamp Verlag.

マイケル・ポランニー/高橋勇夫翻訳『暗黙知の次元』(文庫)筑摩書房、2003年

第2節 教育と所得格差

1．格差が問われる社会とは

教育格差と所得格差

　社会には、さまざまな格差がある。世帯間・個人間の所得格差、学校間の教育格差、地域間の医療格差、地域間・個人間の情報格差、個人間の恋愛格差、個人間の希望格差などである。

　こうした格差の中でも、2004年以降、よく取りざたされるのが所得格差であり、教育格差である。所得格差とは、文字どおり個人ないし世帯の年収の格差であるが、その格差は、生活水準の格差に大きく反映されていく。教育格差とは、受ける教育の質的・量的な格差である。

　よく知られているように、この所得格差と教育格差は密接に結びついている。子どもが受ける教育の質は親の所得に左右されるからであり、子どもの受けた教育の質が子どもの将来の所得につながっているからである。つまり、著しい貧富の差があることも問題であるが、貧富の差が固定化させること、特に教育が格差を流動化させないことも問題である。

　教育と格差固定化の関係に関連して思い出されることは、1970年代から80年代にかけてアメリカ・フランス・イギリスの社会学者、

経済学者が教育と階級再生産の関係を論じたことである。そこで彼らは、教育は階級の世代間にわたる再生産を促進していると主張した。

メリトクラシー

1970〜80年代のアメリカでは、この教育と階級再生産の関係が大きな注目を集めた。「アメリカン・ドリーム」という言葉に象徴されるように、アメリカ社会は、すべての人に成功（社会的上昇移動）の機会を与える「機会の平等」を誇ってきたからである。教育が階級再生産を促進することは、教育による成功（社会的上昇移動）の機会を保証するという、建国以来のアメリカ社会の「希望の原理」を否定することだったからである。

このアメリカ社会の反応に典型的に見られるように、人が教育格差と所得格差の連関を問題視するのは、人が自由競争を肯定しているからである。言い換えるなら、人々の中に努力し成果をあげて他人に勝るなら、自分の生まれにかかわらず、自由に自分の社会的・経済的な地位を高めることができるという考え方、すなわちメリトクラシーが息づいているからである。

メリトクラシーは、100ｍ走のようなトラック競技と同じで、成績・学歴・業績などの達成性（アチーブメント）が同じスタート、同じコース、同じゴールで測られることを求めている。言い換えるなら、メリトクラシーは、〈能力・業績は平等・公正な条件下で行われる競争によって測定されるべきである〉という規範を伴っている〔田中、2005〕。

つまり、教育格差と所得格差の結合が問題になるのは、人々がメ

リトクラシーに基づいて、〈社会的、経済的な地位は、家柄・血縁・地縁などの生得性（アスクリプション）ではなく、達成性によって配分されるべきである〉と信じているからである。社会がメリトクラシーを是認しているからである。

しかし、こうしたメリトクラシーだけを前提にしていると、教育論議は、大切なことを見落とすことになるだろう。それは、教育の公共性であり、生きるということそれ自体を支えているモラリティ、とりわけ共に生きるという倫理性である。

以下、第2項で、日本の所得格差の現実を確認する。第3項では、この所得格差と教育格差との結びつきを確認する。第4項では、教育格差の背後に希望格差があること、それがリスク社会と結びついていることを確認する。そして第5項で、メリトクラシーがもたらす問題を確認する。

2．所得格差の現実

所得格差が問われる背景

所得格差は近代以降、誰もが少なくとも漠然とは意識してきた社会的な事実である。しかし近年の日本社会について言えば、1980年代後半から90年代前半のバブル経済と、1990年代後半から導入された成果主義的な経営によって、その事実が多くの人に「社会問題」として露わになっていった。

まずバブル経済は、土地・建物などの不動産や株券などの経済資本を持っていた人が、そうした経済資本を持たない人に比べて圧倒的に大きな利益を得たことを示した。その当時、前者は「マル金」（金

持ち）と呼ばれたり、後者は「マルビ」（貧乏）と呼ばれたりした。

バブル崩壊後の長期不況に広まった成果主義的な経営は、労働者が人を雇い使う側と安く使い捨てられる側とに二分されていくという現実を示した。利益率を最優先するために、中高年はリストラされ、終身雇用制度は後退し、年功序列賃金は縮小された。また、正規雇用者は縮小され、非正規雇用者（パートタイマー、アルバイト、契約社員、派遣社員など）が拡大された。

例えば、2007年の統計によれば、正規雇用者（男性・女性）の平均年収は約523万円であるが、非正規雇用者の平均年収は約267万円である。したがって、両者の間では生涯賃金も大きく異なる。正規雇用者の生涯賃金は約2億2000万円であるが、非正規雇用者のそれは約1億1000万円である。つまり、正規雇用者と非正規雇用者の生涯所得格差は、男女平均で1.9倍である〔厚生労働省、2007〕。

所得階層の比率

次に、日本社会の所得分布を確認しよう。民間の男性／女性の給与所得者について言えば、年収300万円未満の人は全体の21.6／66.1％であり、300万円から500万円未満の人は34.9／24.4％である。これで、すでに男女ともに過半数を超えている。続く500万円から700万円未満の人は22.0／6.5％、700万円から1000万円未満の人は14.0／2.1％、1000万円から2000万円未満の人は6.8／0.8％、2000万円以上の人は0.8／0.4％である〔国税庁長官官房企画課、2007：93［第14表］〕。

こうした所得分布から、大まかな所得格差が見えてくるだろう。最も大きい所得階層は年収300万円台から400万円台である。そし

て、簡単に言えば、100人のうちの50～60人が年収500万円未満であり、年収1000万円を超える人は、男性で100人のうちの7人、女性で1人だけである。

統計学の手法を用いて、もう少し詳しく所得格差の現実を把握してみよう。

ジニ係数が示す所得格差

所得格差を把握する統計学的手法は、ジニ係数の算出である。ジニ係数とは、所得格差の程度を示す値で、1に近づくほど所得格差は大きくなり、0に近づくほど所得格差は小さくなる。例えば、ジニ係数が0.5の場合、上位25％の所得が全所得の75％を占めている。

厚生労働省の調査によれば、2005年度の日本のジニ係数は、「過去最大」の0.526ポイントを記録している。この数値は、上位25％の所得が残り75％の所得に等しい状態を超えているいとを意味しているが、詳しく見ていくなら、この数値はかなり低減する。所得から税金・社会保険料を引き、年金などを加えると、ジニ係数は0.387になるからである。この数値は、1990年度のジニ係数0.364に比べるなら、たしかに増えているが、著しく拡大しているとは言えないだろう〔厚生労働省、2006：2〕。

また、2005年に発表されたOECD（経済開発協力機構）の国際比較調査の結果を見ても、日本（2002年）のジニ係数は0.314であり、OECDに加盟している先進国の中では、ほぼ中位に位置している。この数値は、なるほどドイツの0.277、フランスの0.273よりも大きいが、アメリカの0.357、イギリスの0.326よりは小さいのである〔OECD, 2005：61-2〕。

貧困率が示す格差

しかし、貧困率（relative poverty rate）という指標を用いてみると、日本の低所得階層の規模が大きいことがわかる。ここでいう貧困率とは、平均所得の2分の1以下の所得者（つまり貧困者）が全人口に占める比率である。これは、例えば2002年の日本の場合なら、年間所得の平均値476万円の半分である238万円以下の所得者が、全人口に占める比率である。

先ほどふれたOECDの調査によると、OECDの30カ国の貧困率の平均は、約10％であるが、日本の貧困率は15％である。これはOECDの中では、メキシコ、アメリカ、トルコ、アイルランドに次ぐ第5位であるが、OECD内の先進国の中では、17％のアメリカに次ぐ第2位である。貧困率の低い国は、チェコ、デンマーク、スウェーデン、オランダなどであり、およそ4〜6％台にとどまっている〔OECD, 2005: 72-4〕。

日本の貧困率が上昇しはじめた時期は1990年代後半である。1980年代半ばの日本の貧困率は11.9％であり、OECDの平均を少し下回っていた。しかし1990年代後半になると、それはOECDの平均を上回るようになった。たしかにこの時期に生活保護世帯数、自己破産数、経済的理由による自殺者数などが、すべて上昇している。例えば、1992年度に58万世帯だった生活保護世帯は増加し続け、2005年度には100万世帯を超えている〔山田、2006：41〕。

所得格差についての社会意識

こうした所得格差について、日本人はどう考えているのだろうか。ある調査によれば、「収入や財産の不平等が少ないこと」という社

会的課題に対して、「満たされていない」と答えた人の比率は大きく増えている。1978年は41％であるが、2005年は55％である。そして同じ問いに「満たされている」と答えた人の比率は、大きく減少している。1978年は10％であるが、2005年は4％である〔内閣府国民生活局、2006：52〕。

しかし、別の調査によれば、日本人の多くは「所得格差をなくしたい」とは思っていない、ということがわかる。「個々人の努力を刺激するように、もっと収入の開きを大きくすべきである」と考える人の比率は、1990年には47％であったが、2005年には66％に増えている。逆に「収入はもっと平等にすべきである」と考える人の比率は、1990年には37％であったが、2005年には28％にまで減っている〔電通総研、2005：10〕。

こうした所得格差への態度の違いは、どのように理解すればよいのだろうか。一方で、所得格差は受け容れられないと言いながら、他方で、競争を喚起するために所得格差を拡大すべきであるということは、明らかに矛盾している。

所得格差への矛盾した態度

おそらく、人が所得格差に対して矛盾した態度をとるのは、甚だしい所得格差は認められないが、所得格差そのものは避けられない現実であると考えているからではないだろうか。貧しい人が餓死するような格差は、人情として認められないが、所得格差そのものは、人が効率性と快適性を求め、市場競争を前提にしている限り、避けられないと。事実、例外もあるが、原則として、より効率的・より快適なものを生み出せる人には、見返りとして、より大きな利益が

配分されている。

　ともあれ、こうした統計調査からわかることは、第1に、日本社会に明らかな所得格差が存在すること、とりわけ貧困層が小さくないことである。第2に、しかし人々の所得格差に対する態度が矛盾的であることである。一方で、大きすぎる所得格差を容認しないが、他方で、努力・競争への動機づけとしての所得格差を容認することである。

3. 教育と所得格差

何が所得格差を生み出すのか

　所得格差が生じる原因は、どこにあるのだろうか。「所得格差は、個々人の能力・努力の差である」と断じる人もいるが、所得格差に単一の原因は存在しないというべきだろう。所得格差は、単一の原因が生み出す現象ではなく、さまざまな社会構造的な要因がからまりあって生じる社会現象である。

　社会学者の山田昌弘によれば、そうした社会構造的な要因の一つは、1990年代以降の労働能力の二極分化である。これは、労働力が「創造的専門労働者」と「単純労働者」という二極に分化し、所得も高所得と低所得の二極に分化することである。この創造的専門労働者と単純労働者は、旧来の「ホワイトカラー」と「ブルーカラー」と重なるように見えるが、それらとは区別される。創造的専門労働者は、単なる事務労働者ではなく、単純労働者は、熟練労働者を含んでいないからである〔山田、2004：106-128〕。

　一方の創造的専門労働者とは、古くからの専門職者である医師、

弁護士、大学教員のほか、大規模な企業買収・証券取引・為替取引に従事できる高度な経済的知識を持つ人材であり、また大型コンピュータを駆使してさまざまな業務システムを構築できる情報テクノロジーの知識を持つ人材である。そうした創造的専門労働者の所得は、業務そのものがもたらす利益が大きいだけに、また業務へのニーズが大きいだけに高い〔佐々木、2007：185〕。

他方の単純労働者とは、技術を必要としない単純な労働に従事する人である。高度な業務システムは、仕事を簡易化するため、単純労働者は増大していく。例えば住宅産業においても、多くの部材が工場で生産されるため、現場での職人（熟練労働者）の仕事がなくなりつつある。必要な労働力は、指示どおりに部材を組み合わせることができる単純作業力である。彼（彼女）らは「使い捨て」可能な非正規雇用者であるために、その対価は必然的に低落していく。

教育は所得に左右される

所得格差につながるもう一つの社会構造的な要因は、教育格差である。それは、第1に、高所得で経済的に豊かな家庭の子どもほど、進学塾や私立学校に通う比率が高く、学習時間も相対的に長いことである。第2に、高所得で経済的に豊かな家庭の子どもほど大学進学率も高いことである。さらに第3に、一般に高い学歴をもつ者ほど、有利に就職活動を進められることである。

なお、大都市では、私立学校・教育産業が充実しているが、地方では私立学校も教育産業も限られているという、教育の地域間格差がある。しかし十分な経済力があれば、この教育の地域間格差は解消可能である。逆に十分な経済力がなければ、この格差は解消困難

である。十分な経済力さえあれば、例えば家庭教師を雇い、受験参考書や問題集を買い、子どもにより多くの教育機会を提供できるからである。その意味では、地域間の教育格差は、世帯間の所得格差の一つとして位置づけられるだろう。

ただし、こうした教育格差は、すくなくとも1960年代から現在に至るまでは、拡大しているとは言えない。例えば大学・短大への進学率は、少子化の影響もあり、ほとんど上昇し続けている。大学・短大への進学率は、1963年に初めて15％を超えた。それから横ばいの時期もあったが、ほぼ増え続け、2005年に50％を超えている。

教育格差の現実

ともあれ、具体的な教育格差を確認しよう。まず公立校と私立校では、教育にかかるお金、つまり「学習費」が2倍から4倍も異なることを確認しよう。学習費とは、学校教育費（授業料、学校納付金、通学費など）、給食費、学校外活動費（塾代・家庭教師代など）である。2006年において、公立小学校の学習費の平均は年額33万円であるが、私立小学校のそれは年額137万円である。そして公立中学校の場合は47万円、私立中学校の場合は127万円であり、公立高校の場合は52万円、私立高校の場合は105万円である〔文部科学省、2007：表1〕。

そして私立学校は、主に高所得階層の子どもで占められている。2006年に私立小学校に子どもを通わせている世帯のうち、年収400万円未満の世帯は2.9％で、年収1000万円を超える世帯は60.1％である。私立中学校の場合、年収400万円未満の世帯は2.8％で、年収1000万円を超える世帯が53.4％である。私立高校の場合、年

収400万円未満の世帯は9.5％で、年収1000万円を超える世帯は34.8％である。こうしてみると、学校段階にかかわらず、およそ年収800万円台が私立／公立の分岐点であると言えるだろう〔文部科学省、2007：表10-1〕。

学力は所得に左右されるのか

次に子どもの学力と親の所得階層の関係を考えてみよう。しばしば「子どもの学力は、保護者の所得に左右される」と言われる。1970〜80年代の教育の階層再生産論においても、この推論は繰り返し論議されてきた。現在のところ、こうした推論は、およその傾向を示す「趨勢命題」としては受け入れられるが、原因と結果を示す「因果命題」としては受け入れがたい。

例えば、同じ学力テストを受けて、所得階層の低い人の多い地域の子どもが、所得階層の高い人の多い地域の子どもよりも低い成績をとったとしよう。この事実は成績が所得に左右されることを示唆しているように見えるかもしれない。しかし実際に成績の低い子どもが、実際に所得階層の低い世帯の子どもでなければ、この推論は成り立たないのではないだろうか。

また成績の低い子どもが、実際に所得階層の低い世帯の子どもであっても、それだけで低い成績の原因が所得の低さにあるとは言えないだろう。例えば、親子関係が悪いせいかもしれない。住んでいる家が勉強に適さないせいかもしれない。勉強そのものに価値を見いださないせいかもしれない。こうしたマイナス要因は、所得階層にかかわりなく存在する要因である。

学力は学習支援に左右される

　どのような要素が、教育の効果を高めるのか、はっきりわかっていないのが現実である。アメリカの教育社会学者のハインズは「教育効果」という長大な論文で次のように述べている。「教育効果についての研究は憂鬱な科学だと言えるだろう。なぜなら、主要な結論と言えるものが、教育効果の高い学校の構成要素を把握することはできないという結論だからである」と〔Heyns, 1986：325〕。

　しかし、ここであえて次のことを付け加えよう。子どもたちの学力は、教育者の学習支援の多寡に左右されると。学習支援とは、子ども一人ひとりを学びの主体として位置づけ、教師をその学びの支援者として位置づけ、教師が子どもに積極的にかかわり、働きかけることである。

　学習支援は、例えば、子どもが、ある算数の問題でつまずいても、教育者が適切な働きかけで、そのつまずきを解消することである。教師の支援で問題が次々に解けるなら、勉強は楽しくなるだろう。そして楽しくなれば、次々に問題に挑戦し、ますます楽しくなるだろう。しかし、教育者の働きかけが適切でなければ、子どもはつまずきを解消できないだろう。そして問題がどれも解けなければ、勉強はつまらなくなるだろう。勉強がつまらないなれば、勉強などをやろうとはしなくなるだろう。

　学校が競争と選抜の場所であるかぎり、学校教育が子どもの学力に大きな影響を及ぼすはずがない。1966年にアメリカで出された「コールマン・レポート」は「子どもの学力を決定するのは学校ではなく家庭の文化的・社会的環境である」という結果を示したが、その報告書が取り上げた学校は、競争と選抜の学校である〔Coleman et al. 1966〕。したがって、その報告書の結論を一般化することは危険である。むしろ、アメリカのデボラ・マイヤーの教育実践や、日本の佐藤学の教育実践がもたらす効果を視野に入れつつ、教育の可能性を確認するべきだろう（第3節参照）。

4．教育と目的合理性

希望格差

さて次に、所得格差の背後にある「希望格差」という問題を取り上げよう。希望格差とは先述の山田昌弘の命名で、自分の将来に対する意欲（インセンティブ）の格差を意味している。すなわち「勝ち組」（資本・能力を持てる者）は努力を肯定し、人生に大きな希望を持つが、「負け組」（資本・能力を持たない者）は努力を否定し、人生を諦めることである。

山田によれば、希望格差の背後にあるものは「リスク社会」という社会像である。リスクとは、努力していい学校、いい大学を出ても、出世コースに乗り損なうと、これまでの苦労と努力が水泡に帰するというリスクであり、また「仕事で努力しても、その実績が評価されず、リストラされるリスク、収入が上がらない〔という〕リスク」である。つまり「今まで努力してやってきたことが無駄になるかも知れない」という不安が「平均的な能力を持つ者のやる気をなくさせる」ことである〔山田、2004：200〕。

たしかに1990年代以降、十分な経済資本を持たない者は「勝ち組」になれないこと、資格・学歴も豊かな生活への道を保証しないことが、露わになってきた。資格・学歴の保有者が増えることで、一部

を除き、その価値が下落したからであり、正社員の数が縮小されることで、資格・学歴による正規雇用が保証されなくなったからである。さらに、いったん就職しても、成果主義的な経営によって、リストラ、減給減俸の不安に苛まれるようになったからである。

リスク社会としての近代社会

　リスク社会は、1990年代の日本に突然、到来したのではない。近代社会は本来、リスク社会である。近代社会は、メリトクラシーを主要な社会原理とするが、自分の能力・成績・業績は相対的なもので、どこに位置づけられるのか、正確にはわからないからである。したがってまた、自分がどのような社会的位置（階層）に付けるのか、それもまた正確にはわからない。

　これに対し、前近代の身分社会（階級社会）では、主に生得性（家柄・血統・民族・人種など）によって、人の社会的位置（身分）が決定されていた。また、その身分と一体の暮らしぶり、言葉遣い、考え方などの広い意味での素養が、人々の生得性と密接に結びついていた。いわば人は、生得性・身分・素養と一体のまま、他者とあまり競合することなく生きることができた。

　1950年代から1980年代の日本社会も、基本的に近代社会であり、メリトクラシーを主要な社会原理としていた。しかし、家族主義的な経営と社会福祉の充実が、リスク社会という側面を隠してきた。終身雇用、年功序列が維持されていたし、社会的弱者は、社会福祉によって保護されていたからである。しかし1990年代になると、成果主義的な経営やネオ・リベラリズムが強調され、終身雇用、年功序列、社会福祉が後退し、リスク社会の側面が露わになってき

たのである。

報われない努力はしない？

　リスク社会で希望をもつ人の態度と、希望をもてない人の態度は対照的に見える。希望をもつ人の勉強への態度は「そもそも勉強をしなければ、いい会社には入れない。だから私は勉強をする」という態度である。これに対し、希望を持てない人の勉強への態度は「いくら勉強をしても、いい会社に入れるとは限らない。だから私は勉強をしない」という態度である。

　大きく異なるように見えるこの2つの態度は、実際には、共に目的合理的な希望を前提にしている。言い換えれば、人生に希望を持つ人も、希望を持てない人も、努力に対して確実な見返りを求めている。彼（彼女）らの希望は、自分の努力がいつか報われると思えるときに生まれてくる希望であり、自分の努力は決して報われないと思うときには失われる希望である。

　こうした目的合理的な希望の基本発想は、等価交換である。すなわち、努力は、後に生まれる成果と交換されるものだからこそ、払われるものである。逆に言えば、努力と成果の等価交換が成り立たないという予測が成り立つなら、目的合理的な希望は生じない。平均以上の能力者にとっては、その予測が成り立つが、平均以下の能力者にとっては、その予測が成り立たない。

　等価交換の見通しを要求する目的合理的な希望は、無謀な行為や危険な賭けから無縁の希望であるが、同時に冒険や挑戦からも無縁の希望である。等価交換の見通しを要求する希望は、1990年代に導入された成果主義的な経営と似ている。成果主義的な経営は、成

果を上げる人に給料を払い、成果を上げない人をすぐに解雇するからである。給料は、成果と交換されるからこそ払われるものであり、この給料と成果との等価交換が、成果主義的な経営の基本である。

したがって目的合理的な希望を持つ人、言い換えるなら、「報われない努力はしない」という人は、生きることを成果主義的な経営と同一している人である。しかし人が生きることは、成果主義的な経営と同一視できない。そもそも人が生きることは、確実な見通しを立てることもできないし、確かな見返りを期待することもできないからである。

よりよい社会・人生を目指す公共的な営み
同じように、学校における「能力形成（学力形成）」が語られるとき、しばしばその「能力（学力）」は、勝ち組になるための競争力に還元されている。たしかに、未来の見通しが立ちにくい現代社会においては、競争に勝つための能力は唯一、人を安心させる材料に見えるのかもしれない。

しかし能力は、勝ち組になるための競争力だけだろうか。もしも能力が競争に勝つための能力だけを意味するのなら、教育は公共的な営みである必要はなく、営利的な営みであってもよい。言い換えるなら、学校を税金で運営する必要はない。営利のためだけの学校の授業は商品で、教師はサービス提供者で、子どもと保護者は顧客であり、学校はただ顧客のニーズに応えればよい。

しかし、教育は公共的な営みである。なぜなら教育は、市場のニーズに還元されない道徳的・倫理的な目的を担っているからである。言い換えるなら、教育はよりよい社会を実現し、よりよい人生

を実現する知的かつ人間的な能力の形成を意味しているからである。

5．教育格差の是正と自由の平等

教育格差の是正は何をもたらすのか？

　最初に述べたように、メリトクラシーを前提にして考えるなら、所得格差に由来する教育格差は是正されるべきである。そして達成性をめぐる競争は、公正に行われるべきである。

　しかし、教育格差の是正は容易ではない。仮にすべての子どもに平等なカリキュラムを与えても、またすべての子どもに丁寧な学習支援を行っても、子どもたちの達成性の差を消すことはできないからである。これは現在のところ、教育学も、心理学も、脳科学も、子どもの能力形成を自在に操作できるような教育テクノロジーを持っていないからである。

　逆に、教育格差を是正しようとすればするほど、やっかいな問題が生じてくる。それは、より平等なカリキュラム、より平等な学習支援を行うほど、子どもたちの示す達成性の差が、子ども本人の潜在能力の差と見なされることである。このとき、高い潜在能力の所有者と見なされた子どもは喜ぶだろうが、そうではない子どもは、自分を受け入れられなくなるだろう。

　言い換えるなら、所得格差に由来する教育格差が是正されて、メリトクラシーが社会により深く浸透するとき、教育によって否定的に評価された者の負の感情はより大きくなり深刻化するだろう。自己否定、ねたみ、そねみといった負の感情は、教育によって肯定的に評価された者と、否定的に評価された者との間に、越えがたい大

きな深い溝を生み出すだろう。

　つまり、より公正・平等な競争が行われたなら、より厳しい競争社会が出現するのである。それは有能な者は大切にされ、収入をより高め、自尊感情をより高めるが、有能ではない者はないがしろにされ、収入をさらに減らされ、自尊感情をより低める社会である。その越えがたい自尊感情の溝は、何か重大な問題を引き起こすのではないだろうか。

自由の平等
　最後に触れたいことは、何を批判するべきかという問題である。ともすれば人々は、教育格差、所得格差を問題視し、生活水準の低さが最も重大な問題であるかのように考える。例えば、マンションが買えない、ブランド物が買えないといった物質的貧しさは不幸であると考える。もちろん人が生きるためには、一定の財が不可欠である。しかし真に避けるべきものは、低い生活水準をもたらす低い所得、教育機会の格差だろうか。

　真に避けるべきものは、教育格差、所得格差ではなく、他者への従属ではないだろうか。ある人が他の人の命令に逆らえないこと、組織や場の雰囲気にあらがえないことではないだろうか。例えば、「空気」や「世間」といわれるものが、人々に及ぼす力（フーコーの言う「権力」）ではないだろうか。というのも、他人や組織や場に従属しているかぎり、人は真に倫理的に生きられないからである。真に倫理的であることは、他人や組織や場からの自由を必要としているからである。

　そのように考えるなら、本当に平等であるべきものは、所得や教

育機会ではなく、真に倫理的であるための自由ではないだろうか。真に倫理的に生きることは、所得の大小にも能力の大小にも関係しない。貧困であろうと富裕であろうと、また有用であろうと無為であろうと、人は倫理的に成長することで、倫理的に生きることができるようになる。しかし、他者や組織に隷従している人は、その「権力者」「空気」といったものに遠慮し、倫理的に正しく生きることができなくなる。このように考えるなら、希望の平等ではなく、自由の平等が求められるべきだろう。問われるべきことは、何が人々の倫理的な感覚の生成や成長を妨げているのかであろう。

【文献】

厚生労働省『平成17年 所得再分配調査報告書』2006年
　　[http://www.mhlw.go.jp/toukei/kouhyo/data-kou6/ data17].
厚生労働省『平成18年 賃金構造基本統計調査（全国）結果の概況』
　　2007年
　　[http://www.mhlw.go.jp/toukei/ itiran/roudou/chingin/kouzou/z 06]
国税庁長官官房企画課『平成18年分 民間給与実態統計調査－調査結果報告』2007年
　　[http://www.nta.go.jp/kohyo/tokei/kokuzeicho/minkan2006].
佐々木賢『教育と格差社会』青土社、2007年
橘木俊詔『格差社会―何が問題なのか』岩波書店、2006年
田中智志『人格形成概念の誕生―近代アメリカ教育概念史』東信堂、2005年

電通総研『世界価値観調査2005・エグゼクティブレポート—マルチ・スタンダードな社会ビジョンを−サステイナブルな成熟社会』電通総研、2005年
内閣府国民生活局『平成17年度 国民生活選好度調査』2006年
　[http://www5.cao.go.jp/seikatsu/ senkoudo/senkoudo.html].
内閣府国民生活局『平成18年度 国民生活選好度調査』2007年
　[http://www5.cao.go.jp/seikatsu/ senkoudo/senkoudo.html].
文春新書編集部編『論争格差社会』文藝春秋、2006年
文部科学省『平成18年度 子どもの学習費調査』2007年
　[http://www.stat.go.jp/data/guide/zuhyou/monbu.xls].
山田昌弘『希望格差社会—「負け組」の絶望感が日本を引き裂く』筑摩書房、2004年
山田昌弘『新平等社会—「希望格差」を超えて』文藝春秋、2006年
バジル・バーンステイン/萩原元昭編訳『教育伝達の社会学—開かれた学校とは』明治図書、1985年
レイモン・ブードン/杉本一郎ほか訳『機会の不平等—産業社会における教育と社会移動』新曜社、1983年
ピエール・ブルデュー、ジャン＝クロード・パスロン/宮島喬訳『再生産—教育・社会・文化』藤原書店、1991年
サミュエル・ボールズ、ハーバート・ギンタス/宇沢弘文訳『アメリカ資本主義と学校教育—教育改革と経済制度の矛盾』(I・II) 岩波書店、1987年
Coleman, James S. et al.; *Equality of Educational Opportunity*. Washington, DC: U. S. Department of Health, Education and

Welfare, Office of Education/National Center for Education Statistics, 1966

Heyns,Barbara; " Educational Effects:Issues in Conceptualization," John G. Richardson, ed., *Handbook of Theory and Research for the Sociology of Education*. New York: Greenwood Press, 1986

OECD ; *Income Distribution and Poverty in OECD Countries in the Second Half of the 1990s*. [OECD Social, Employment and Migration Working Paper 22]. Paris: OECD, 2005

第3節　教育とグローバル化

1．グローバル化にどう対応するか

グローバル化とは何か

　グローバル化とは、国境や文化圏を越えて商品・人材・情報・知識が流通し、活用されていくことである。国際的企業の商品の世界的規模の流通、海外商品のオンライン・トレード、インターネットの情報網（WWW［ワールド・ワイド・ウェブ］）の拡大、有能な人材の国外流出などである。日本社会は、バブル経済崩壊後の1990年代後半あたりから、グローバル化を経験しはじめた。

　グローバル化は国家間の隔たり、地理的な隔たりを超えたコミュニケーションによって、私たちに大きな利潤・便益をもたらすが、同時に過剰な競争と選別を生み出す。端的な例を挙げるなら、一方に経済・文化・学術などの国際的な舞台で競争力を発揮し、大きな名声と富を得る人がいるが、他方に会社が国際的な価格競争に敗れて倒産し、失業する人がいる。

グローバル化への順応と応答

　グローバル化において競争と選別が拡大するのは、グローバル化が、基本的に18世紀から広まり初めた市場を本態としているから

である。ここでいう市場は、利益を求めて行う交換を核としたコミュニケーションであり、それは、人間関係を凝集させるよりも散開させ、生活の仕方を文脈化するよりも脱文脈化し、生き方を集団化するよりも個人化するからである。

　こうしたグローバル化が著しい社会における教育プログラムは、2つに分けられる。すなわち、より大きな利益を求め、競争と選別につながるグローバル化順応タイプのものと、グローバル化によって失われようとしている精神的土台を補い、共同と刷新につながるグローバル化応答タイプ、の2つに分けられる。

　一般に教育の世界標準化、国際的な学力形成、デジタルリテラシーの育成など、グローバル化順応タイプの教育プログラムが強調されがちである。しかし人間を最も深いところで支えるものを重視し、グローバル化応答タイプの教育プログラムも、また強調されるべきである。その基本は他者との共同、自然との共生を踏まえつつ、自律的によりよい未来を構想し、現状を刷新する英知的・倫理的な行動を積み重ねることではないだろうか。

　以下、まず第2項で、グローバル化の基本的な形態（本態）を確認したい。第3項では、グローバル化が教育システムにどのような効果を及ぼしているのか、目立つところを確認しよう。第4項では、グローバル化が現代社会にもたらす見えにくい、そして負の効果を確認しよう。そして最後に第5項で、グローバル化に真摯に応答するための基本的なスタンスを提案したい。

2. グローバル化

グローバル化の本態

　グローバル化を先導している内面的な力は、さまざまであるが、最も大きな力は、より速やかに、より大きな利潤・便益を手に入れたいという人々の欲望である。より良い商品・人材・情報・知識を、より早く、より安く得たいと思っているからこそ、人はローカルな現場、地域社会、国家を越えていく。

　そして近年、さまざまな技術に助けられて、これまで大きな地理的空間に隔てられて、接点を持てなかった場所と場所、人と人が結びつき始めている。例えば、オンラインで教材にアクセスし教員と意見交換する「e－ラーニング」においては、一定のデジタルリテラシーを持つ人なら、「どこでも」（ubiquitous）学ぶことができる。その意味でグローバル化とは、経済活動だけでなく、教育・学術・文化活動などの自由度が大きく拡大していくことである。

　このようなグローバル化の基本形態は、古くからある市場交換である。本来、市場交換はより速やかに、より大きな利益を求めて行われる貿易・交易の営みであり、越境し散開するものだからである。

　例えば、ディズニー映画やウィンドウズのように、「便利だ」「おもしろい」と思われた商品は、それだけでアメリカのみならず、ヨーロッパでも、日本でも、中国でも、アフリカでも買い求められる。その意味でトムリンソンのいう「脱領土化」（場所が人間の生活・思考を限定する力を失うこと）は、グローバル化がもたらす最大の効果と言えるだろう〔トムリンソン、2000〕。

国家・距離とグローバル化

 それにしても、なぜ1990年代にグローバル化が広まるようになったのだろうか。さまざまな要因が考えられるが、主なものは、国家の市場開放と情報・輸送の技術革新である。少なくとも1980年代に至るまでは、国家と距離がグローバル化を牽制し抑制していた。

 国家は、1980年以来の中国の改革開放政策、1989年以降の東欧諸国の民主化、1991年のソビエト連邦の崩壊、1993年のEU（European Union 欧州連合）の成立などをきっかけに、市場を牽制する力を失い始めた。さらに「市場開放」「成果重視」を掲げる「ネオリベラリズム」（新自由主義）の広がりと共に、国家は「グローバリズム」の経済政策を掲げ、グローバル化の一翼を担い始めた。

 距離も、電子メディアや輸送システムの普及・廉価化によって、グローバル化を妨げる障壁とならなくなった。オンラインで瞬時に決済が完了し、たいした輸送費もかからずに、アメリカやヨーロッパから1週間後に、急ぐなら2日後に商品が届くようになったからである。

競争と選別

 こうしたグローバル化の中では、ネオリベラリズムという考え方に端的に見られるように、競争と選別が重視される。グローバル化の中では、商品であれ、人材であれ、情報であれ、より速いもの、より安いもの、より高品質なものが求められるからである。

 1990年代から、日本だけでなく先進諸国で子どもたちの「学力」（アチーブメント）が問われはじめ、「リストラ」という名の業績評価、使い捨てが広がりはじめ、さらに「派遣社員」のような非正規雇用

者が激増していったことはその象徴である。そして「ワーキングプア」(働いているのに貧しい人々) が増大し、「所得格差」が増大することはその帰結である。

したがって、現在のグローバル化によって、私たちはただ便利になったり豊かになったりするだけではない。私たちは、代替可能な市場能力に還元され、厳しい競争と選別にさらされることで、絶えず大きな心理的ストレスにさらされるのである。

3. 教育のグローバル化

シティズンシップ教育

教育におけるグローバル化としてまず指摘できることは、教育内容のグローバル化である。グローバル化以前においては、学校は各国の国内的な体制・文化に即した教育内容・学習評価を提供していればよかった。その意味で各国の公教育は、基本的に国内で生活し、国内で活躍する「公民」を形成する「公民教育」(civic education) を第1の仕事としてきた。しかし、グローバル社会においては、学校は、異文化間の共同 (cooperation)・協働 (collaboration) を視野に入れた、教育内容を提供しなければならない。

そうしたグローバルな教育の一つが、近年注目を集めている「シティズンシップ教育」(citizenship education) である。シティズンシップ教育は、さまざまに定義されているが、さしあたり権力による支配ではなく、討議による民主主義を重視すると共に、現状を追認する事なかれ主義ではなく、正義を指向する批判的思考を重視することによって、環境に配慮し、人権を擁護し、自律的かつ共同・協働

的に活動する人間を形成する教育であると言えるだろう。

国際バカロレア資格

　教育のグローバル化を示すもう一つの事例は、教育資格（レベル）の「世界標準化」（global standardization）の流れである。それぞれの国で教育資格のレベルがばらばらでは、海外の教育機関に入学することは難しいし、卒業後に外国企業に就職することも難しい。

　現在のところ世界の大学卒業レベル、大学院修了レベルを統一するような世界規準はまだ確立されていないが、大学入学資格については、すでに世界標準化が実質的に進んでいる。日本で大学入試といえば「大学入試センター試験」であるが、現在アメリカやヨーロッパで大学入試といえば、「国際バカロレア資格」（インターナショナル・バカロレア）の取得である。

　国際バカロレア資格は、スイスの財団法人である「国際バカロレア機構」の定める「ディプロマ・プログラム」（中等教育レベルのカリキュラム）を修了すると得られる資格である（なお用いられる言語は、英語、フランス語、スペイン語の中から選ぶことができる）。

　この国際バカロレア資格があれば、アメリカ・ヨーロッパの多くの有名大学に無試験で入学できる。日本ではこのディプロマ・プログラムはよく知られていないが、アメリカでは公立ハイスクールのカリキュラムに、このプログラムが取り入れられている。

学力概念の刷新

　こうした教育のグローバル化は、日本の学力概念の刷新を促している。世界ランキングの15位以内に入る大学、PISA（国際生徒到

達度評価プログラム Programme for International Student Assessment）の学力調査、国際バカロレア資格の試験で求められている学力は、全体の傾向として言えば、現在日本の中等教育機関（中学校・高等学校）で形成しようとしている学力とは一致していない。今、グローバルな教育機関で求められている学力は、文化的・科学的な教養、自律性を支える問題解決思考、共同・協働をもたらすコミュニケーション技能の3つと言えるだろう。

　例えば、国際バカロレア試験は、口頭試問、研究論文の提出、論述形式の筆記試験などから構成されている。この筆記試験に、マークシート問題は1問も出されない。言い換えるなら、正解が1つに限定されている問題は1問も出されていない。国際バカロレア試験は、しつらえられた選択肢から正しい解答を選択することよりも、学習者が自ら解答を作り出すことを重視しているからであり、また資料を駆使しながら、自分の考えを明確に相手に伝えることを重視しているからである。

　これに対し、よく知られているように、日本の中等教育機関で形成しようとしている学力は、どちらかといえば、断片的知識、受験問題解法に傾いていると言えるだろう。もちろん、小論文などの論述問題も出されているが、それらを除くなら、正解が1つの短答式の問題がほとんどである。

　このような事実を知るなら、学力低下論の見方も変わってくるのではないだろうか。マスコミでしばしば取り上げられているように、日本の中学生・高校生の学力が本当に「低下」しているのなら、その「学力低下」は中学・高校の生徒たちの努力が足らないからではなく、また単に「ゆとり教育」が導入されたからでもなく、日本の

教育システムの学力概念とグローバルな教育システムが求めている学力とが、ずれているためではないだろうか。

教育方法の刷新

　問題は学力概念だけではない。日本の中等教育機関の教育方法そのものも、グローバル水準から見ると、ずれていると言わなければならない。いまだに日本の多くの中学・高校では、比較的大きなクラスでの一斉教授であり、「協働的な学び」（コラボレーティブ・ラーニング）と呼ばれる、子どもたちの自律的な課題探求を支援する学習形態を大規模に採用していない。

　しかし世界の上層階級の子どもたちが進学する中等学校では、少人数クラス、課題探求型の学び合い学習が中心である。アメリカのニューハンプシャー州にあるセントポール・スクール、マサチューセッツ州のフィリップス・アカデミー、スイスのル・ロゼなど、「世界最高の中等学校」といわれるアメリカ、ヨーロッパの「寄宿制プレップスクール」では、クラスの人数は、10～15人くらいであり、個別指導を徹底して行っている。また、自分で課題を設定しつつ、他の生徒と学び合う共同的な学びを大きく取り入れている。生徒たち一人ひとりの「知への情熱」こそ、こうした寄宿制プレップスクールにおける教育の原動力である。

　こうした少人数のクラス、共同的な学びを公立学校全体で行っている国がフィンランドである。フィンランドの名前は、2003年のPISA調査で「学力世界一の国」と評価され、広く知られるようになった。2006年のPISA調査でも、フィンランドは、科学的リテラシーで1位、数学的リテラシーで2位、読解力で2位、総合でやはり世

界一、と評価されている〔OECD, 2007〕。

　このフィンランドでは、公立学校のクラスの人数は、小学校で平均20人、中学校で平均11人である。また授業の中心は、一斉授業の詰め込み学習ではなく、自分で調べると共に、互いに学びあいながら問題を解決していく「プロジェクト型教育」（project-based education）である。

一斉授業時代の終わり

　こうした少人数のクラス、共同的な学びは、荒れた学校を立て直すだけの力も持っている。アメリカの教育者デボラ・マイヤーの実践は象徴的である。彼女はニューヨークのハーレムに位置し、怠学・暴力・麻薬に塗れたセントラルパーク・イースト中等学校を見事に立て直した。彼女が重視したものも、少人数のクラス、共同的な学びである。同校では1つのクラスが20人の生徒から構成され、すべての授業において、2人の教師の援助の下に5、6人の小グループに別れた「プロジェクト型教育」が行われた〔佐藤、2003：185-8；Meier, 1995, 2003〕。

　アジア諸国の中でも、日本は教育内容・教育方法の刷新について、かなりたち遅れていると言えるだろう。いまだに、多くの日本の公立学校のクラス規模は実質的に35〜40人であり、授業方法も多くの場合は一斉授業である。子どもたちを秩序化し鼓舞する方法は、しばしば競争と選別である。これに対し韓国でもシンガポールでも、近年クラスの規模を20人以下にし、小グループに別れた共同的な学びを取り入れ始めている。

　教育学者の佐藤学が述べているように、一斉授業は大量生産・大

量消費を前提にした産業資本主義時代の効率主義に基づく近代教育の方法である。それは、いわば権力・権威に従順な人間、例えば、工場労働者を形成するための教育方法である。したがって経済活動、文化活動の自由度が著しく拡大し、自律と協同が求められるグローバル化の現代に、一斉授業はなじまない。佐藤の言葉を引くなら、その意味では「もはや『一斉授業』の教室の時代は終わったのである」〔佐藤、2006：21〕。

学力の二極分化

もしも教育方法を刷新することも、子どもたち一人ひとりの自律的な学びを支援することもなく、やみくもに競争による学力向上政策を進めるなら、教育システムは、決して小さくない所得格差（第2節参照）の中で、すでに深刻化している学力格差をさらに拡大するだけではないだろうか。

例えば、競争が深刻な学力格差を生み出すことは、1988年以降に実施されたイギリスのサッチャー政権の競争中心の教育政策によってすでに実証されている。サッチャーは、統一カリキュラム、統一学力テストを実施し、子ども間、教師間、学校間の競争を大々的に（国家的規模で）導入したが、その結果、学力格差は増加し、思考力は低下し、子どもたちや教師たちのストレスは増大したという〔佐貫、2002；福田、2007〕。

そして、PISA調査によって明らかになったことは、日本の子どもの学力が、フィンランドの子どもの学力に比べて低い理由が、日本の低学力層の比率が、フィンランドの低学力層の比率よりも大きいことにあったことである。つまり、競争によってできる子どもと

できない子どもという学力の二極分化を放置し、低学力層への積極的な働きかけを欠いた結果である。

学力の二極分化は必然的に、いわゆる「希望格差」を生み出す（第2節参照）。高い学力の子どもたちは、海外の大学を含め、「一流」と呼ばれる大学に進学し、夢に挑戦し、知を意志し、自己肯定感を高めるだろう。しかし学力の十分でない学生は、「一流」と呼ばれない国内の大学に進学する。彼（彼女）らは、夢を縮小し、知を強要され、自己否定感を覚えるだろう。問われるべきは、旧来の教育方法に固執し、競争をただ是認することであり、それが結果的に子どもたちに深刻な心理的ダメージを与えるという事実を看過することである。

4. グローバル化の負の効果

脱熟練化と脱文脈化

次にグローバル化の負の効果について述べよう。先に少し触れたように、グローバル化の中では競争と選別が強調されるが、近年の研究者の指摘を参照すると、それら以外にも重要な社会現象が広がっている。主なものを挙げるなら、1つは仕事の脱熟練化（マニュアル化）が拡大することであり、もう1つは人間の脱文脈化（浮遊化）が進行することである。

仕事の脱熟練化は、計算可能性、予測可能性、訓練可能性を最も重視する徹底的な合理化である。これは社会学者のリッツアが「マクドナルド化」と呼んでいる状態である〔リッツア、1999〕。マクドナルド化とは、ファーストフードの接客マニュアル、調理マニュア

ル、評価マニュアルに象徴されるように、サービス労働が「マニュアル化」され、労働行為の多くが、こと細かく設けられた機能的分業に還元されることである。

こうしたマニュアル化、脱熟練化は、人のセグメント化でもある。セグメント化とは、直訳すれば、「分節化・分断化」であるが、社会学では、人が「仕事仲間」のような中間集団からの庇護を失い、孤立した個人になるという意味で使われる。労働においては、労働者が厳密な管理・評価にさらされ、「仕事仲間」を失い、管理者への逸脱や反抗を一切許されなくなることである。

こうした徹底的な合理化は、ファーストフードだけでなく、今や教育・医療・マスコミの領域にも広がり始めている。例えば、教育現場で進行しているさまざまな評価の「標準化」も、マクドナルド化に近い様相を呈している場合もある。

もう1つの人間の脱文脈化は、人々が対面的なつながりを脱し、速やかな利便性を求める「ノマド」(孤立し漂流する状態)となることであり、これは社会学者のバウマンの言う「リキッド化」に等しい。「リキッド化」とは、人々が「長幼の順」のような旧来の位階的秩序を無視し、速やかな目的達成(特に利潤・便益の獲得)のみを求める中で、「選択の拡大」と「不安の増大」という対現象が拡大することである〔バウマン、2001〕。

リキッド化は、例えば、人々がオンライン・トレードのようなグローバルな利便性に引き寄せられ、親族・閨閥・近隣といった諸共同体から遊離し孤立し、そうした共同体と一体の位階的権威を軽視し看過していくことである。近年、日本のみならず先進国で見られる、年輩者、親、教師の権威の低落は、こうしたリキッド化と無関

係ではないだろう。

こうした仕事の脱熟練化と人間の脱文脈化は、たしかに大きな利潤・便益をもたらすが、同時に人が生きる上で欠かせない「仕事の歓び」を薄れさせたり、「生への思索」を揺るがしたりもする。

仕事の喜び

仕事の喜びは、成功体験で得られるだけでなく、互いに助け合い、支え合うことでも得られる。しかしマニュアルに縛られた職場では、同僚と助け合い、支え合うことよりも、管理者の命令に従順に従うことが重視される。その結果、労働者は自律性を失い、自分の仕事に誇りを持てなくなり「自分は利益を追求する組織の歯車の一つにすぎない」と考えてしまう。

年功よりも業績が重視され、業績次第で簡単に解雇されるという成果主義的な経営が行われているかぎり、人々の心を占めていくものは、仕事の喜びではなく、非難への怯え、解雇への不安である。言い換えるなら、人を保身・萎縮へと追い込む心理的ストレスである。そのとき、人々は競争の雰囲気にのみ込まれて、身体をいたわること、人生を楽しむことを忘れ、怯えと不安にさいなまれ、過労に追い込まれるだろう。

日本の自殺者が多いことは、こうした職場のストレスと無関係ではないだろう。警察庁によると、2006年度の日本の自殺者は3万2155人である。これは交通事故死者の7000人の4倍以上になる。平均すると、1日に90人が自殺していることになる。そして、最も多い自殺の動機は「経済・生活問題」であり、近年著しく増加している自殺の動機が、リストラなどの「職場・勤務問題」である〔警

察庁、2006、2007〕。

生への思索

　人が生きることは、基本的に、現象学のいう「関係性」(affectionate relatedness) すなわち他者との心情的・情感的なつながりによって支えられている。それは、根本的には、ほかの人から自分の存在を無条件に認められることによって、一つの「かけがえのない命」として生きることである。

　しかし、人は、グローバルな利潤・便益に気をとられてしまうと、しばしばこうした他者とのつながりを見過ごしてしまうようである。ひとり損得勘定にいそしむあまり、「共存在」(co-existence) すなわち自分が親族・友人・自然・大地に支えられ、共に生きているという実感を失い、自分があたかも「個人」として存在しているかのような、錯覚を抱いてしまうのだろうか。

　実際に、グローバル化が進行する日本社会において、人々はますます個人として生きることを求められているように見える。日本社会は世間（自分にかかわる利害関係の総体）や、家父長的家族（「イエ制度」）を確立してきたが、それらが第二次大戦後、しだいに揺らぎ始め、1990年代以降、自己責任、成果主義が強調される中、大きく崩れ始めている。

　例えば「空気を読め」と言われるように、その場その場の文脈がもたらす「空気」を敏感に察知することが求められることは、世間が揺らいでいることを暗示しているだろう。また家族ではなく、外部のサービス機関が老人を介護するという「介護保険」の導入は、老人の独居生活など、「イエ制度」が崩壊していることの端的な例

証であろう。

電子メディア

　さて、仕事の脱熟練化や人間の脱文脈化が進み、関係性が退き、個人が強調される中で、人々を吸い寄せるものがある。情報テクノロジーである。とりわけ携帯電話やパソコンなど、グローバル・ネットワークを構成する電子メディアである。この電子メディアが構成するネットワークは、かつての対面的なコミュニケーションのネットワークとかけ離れたものである。それは良くも悪くも関係性と一体であるが、電子メディアのネットワークは、人々の関係性の外にあり、いわば「物象化」されているからである。

　そして電子メディアは、グローバル化の基本的なツールという役割を持つばかりでなく、関係性を失った人々が、その不在の関係性を求めて群がる、いわば「虚焦点」という役割も持っている。それを象徴するものの一つが「ブログ」と呼ばれているサイトである。ブログにアクセスする人は、年齢も立場もさまざまであるが、それが唯一の「心の居場所」になっている人は、普段の生活で関係性から疎外される傾向にある人ではないだろうか。

　グローバル化の中でどんなに電子メディアが発展しようとも、人は自分が直面する問題を、身近な人との相互支援関係によってのみ、解決することができるだろう。もちろん「身近な人」は、地理・空間的、血縁関係的に近い所にいる人だけではない。「身近な人」は、電子メディアを通じて見つけられることもある。しかし、どちらにしても、「身近な人」との関係性こそが、イエ制度が衰退する現代の日本社会の中で、私たちが確かな QOL（Quality of Life ＝生活・

人生の質)を維持し、民主主義(デモクラシー)をあまねく実現する基礎ではないだろうか。

対話と冗長性

　関係性の基礎は、コミュニケーションである。しかし、関係性を支えるコミュニケーションは、ハバーマスが論じているような討議的コミュニケーションと同一ではない。討議的コミュニケーションとは、自律的個人同士が合意を目指して行うコミュニケーションである。関係性のコミュニケーションは、アメリカの哲学者デューイが提唱した「対話」(ダイアローグ)に近しい。それは相手の声に傾聴し、相手の存在を認め、相手に向きあう応答的コミュニケーションである〔Dewey, 1927〕。

　しかし、関係性のコミュニケーションは、デューイの言う「対話」に還元されるコミュニケーションでもない。関係性のコミュニケーションは、「冗長性」(リダンダンシー)に満ちているからである。冗長性とは、幼いころからの親友同士のように親しい間柄の2者の間で、微妙で精妙な意味了解の同調によって可能になるもので、相手の言外のニュアンスをくみ取ることによって相手の存在を無条件に受容することである。言い換えれば、私とあなたとの間で冗談が通じ合うように、2人の「あそび心」が同調することであり、2人が相互に信頼することである。

　念のために言えば、関係性は、いじめに伏在する「からかいの関係」とは無関係である。関係性は習慣的に一方が他方をふざけつつからかい、他方はそれを不快に思いつつも受け入れるという関係ではない。それは、ある人を道化役に仕立てることで、全員のストレスを

そこにぶつけ、発散させることである。からかいの関係には、一片の冗長性も含まれていない。

冗長性の最も重要な機能は、自他の思わぬ失敗・軋轢を吸収し、なかったことにすることである。例えば、「マラプロピズム」（malapropism＝「誤った言葉の意味疎通」）のように、言い間違えても意味が相手に伝わることである〔デイヴィドソン、2001〕。その意味で、冗長性は、コミュニケーションの緩衝装置である。普通の車のハンドルに「あそび」があるように、普通の人間関係にも冗長性という「あそび」がある。それが人の長所を認め、短所を補う緩やかなスタンスを生み出していく。

こうした冗長性の有無（多寡）によって、人間関係の様態（モード）がおよそ決定されると言えるだろう。図式的なまとめ方をするなら、冗長性が十分な場合、人間関係は思うところを言い合える協同的な関係になるが、冗長性が乏しい場合、人間関係は本心を一切隠した事務的な関係になる。生産的で倫理的な人間関係は、前者の協同的な関係である。

5．グローバルな学びへ

グローバル化の中の可能性

近年のグローバル化は、多くの場合、市場化を伴うために、人々の間に存在不安を生み出している。存在不安は単なる生活不安ではない。それは、競争と選別が絶えず行われるために、就職不安、業績不安、健康不安、失業不安など幾つもの不安が重なり、この世界に自分の居場所はないのではないかと思ってしまうくらいに、自信

を失うことである。

しかしグローバル化は、人々を存在不安に追い込むだけではない。グローバル化はまた、その中でたくましく生きる力を生み出す可能性ももたらしている。例えば、インターネットのサイトを通じて、空間的な隔たりを超えた無数の出会いが生まれ、新しい「共同」「連帯」の道が開かれ、そうした新しいつながりが新しい生きる力を生み出しているからである。

したがって、学校教育は、子どもたちや若者たちにグローバル化の負の効果を教えるだけでなく、それに応答し対抗する手段を伝えなければならないだろう。そして、グローバル化する世界をよりよく生きる知恵を、子どもたちや若者たちと一緒に考えなければならないだろう。

人間を支えるものは何か

その際に大切なことは、これまで教育に目的を与えてきた国民国家的な規範に固執することではない。これまで人間と教育を支えてきた関係性が後退し、また生きる喜びを生み出した労働の自律性が奪われるという現実を見すえつつ、グローバル化を生きる力をはぐくむことである。

これは子どもに、世界に通用する技術的知識を教えたり、情報テクノロジーを駆使した学習をさせたり、帰国子女や外国人子女の異文化に配慮したりすることにとどまらない。それは、グローバル化の肯定的効果（利便性の拡大）と否定的効果（関係性、自律性の縮減）を冷静に把握しながら、人間存在を、言い換えれば人が生まれるということを、最も深いところで支えているものは何か、と絶えず問

いかけること、生への思索である。

　その意味で、グローバルな時代にふさわしい学びは、普遍的な倫理性を目指さなければならない。これまでの議論を踏まえて言えば、その基本は他者との共同、自然との共生を踏まえつつ自律的により良い未来を構想し、現状を刷新する英知的・倫理的な行動を積み重ねることである。

【文献】

　　警察庁「平成17年中における自殺の概要資料」2006年
　　　　[http://www.npa.go.jp/toukei/chiiki6/20060605.pdf．
　　警察庁「平成18年中における自殺の概要資料」2007年
　　　　[http://www.npa.go.jp/toukei/chiiki8/20070607.pdf]．
　　佐藤学『教師たちの挑戦―授業を創る、学びが変わる』小学館、2003年
　　佐藤学『学校の挑戦―学びの共同体を創る』小学館、2006年
　　佐貫浩『イギリスの教育改革と日本』高文研、2002年
　　田中智志『臨床哲学がわかる事典』日本実業出版社、2006年
　　田中智志編『グローバルな学びへ―協同と刷新の教育』東信堂、2008年
　　福田誠治『競争しても学力行き止まり―イギリス教育の失敗とフィンランドの成功』朝日新聞社、2007年．
　　ジークムント・バウマン／森田典正訳『リキッド・モダニティ―液状化する社会』大月書店、2001年
　　ジーグムント・バウマン／中島道男訳『廃棄された生―モダニティとその追放者』昭和堂、2007年

ドナルド・デイヴィドソン／野本和幸ほか訳『真理と解釈』勁草書房、2001年

Dewey, John ; *The Public and Its Problems : An Essay in Political Inquiry.* Denver : Alan Swallow, 1927

Glasser, William ; *Schools without Failure.* New York: Harper and Row, 1969

Meier, Deborah W. ; *The Power of Their Ideas: Lessons for America from a Small School in Harlem.* Boston: Beacon Press, 1995

Meier, Deborah W. ; *In Schools We Trust: Creating Communities of Learning in an Era of Testing and Standardization.* Boston: Beacon Press, 2003

OECD ; *Education at a Glance.* Paris: Organization for Economic Co-operation and Development, 2007 [http://www.oecd.org/dataoecd/44/35/37376068.pdf]

ジョージ・リッツア／正岡寛司監訳『マクドナルド化する社会』早稲田大学出版部、1999年

THES ; *The Times Higher Education Supplement: World University Rankings*, 4th edition, 2007 [http：//www.geocities.jp/world-theride/WorldRankings 2007.pdf].

ジョン・トムリンソン／片岡信訳『グローバリゼーション——文化帝国主義を超えて』青土社、2000年

UNESCO ; *Citizenship Education for the Twenty-First Century.* United Nations Educational, Scientific and Cultural Organization, 2005 [http://www.unesco.org/education/en]

第4章

戦略的教育政策・改革と比較教育というアプローチ

松浦　良充

第1節　制度としての教育と教育改革

　第4章では、教育政策と教育学の関係について考える。教育学の研究対象は、個々の子どもをどのように教え、育てるのか、という教育実践の問題に限られはしない。現代社会における教育は、社会的な制度として運営され機能している。制度として実施される教育を、どのように行えばよいのか。つまり教育の政策について考えることも、教育学の重要な課題である。

　以下で、まず現在の教育改革とその背景にある教育政策の動向について検討する。さらにそうした動向の意味を、比較教育というアプローチ方法によって考える。そして教育改革や政策の世界的な連動性が高まっている現在、従来とは異なる考え方で、教育政策の概念をとらえ直すことが大切であることを提案する。

1．社会制度としての教育

教育の2つの側面

　教育という事象について考えるとき、私たちは、大きく分けて2つの側面に焦点をあてることができる。それは個人的な側面と社会的な側面の2つである。

　すなわち教育とは、1つには個々人の成長や学習を促すための働

きかけである。親から子へ、教師から生徒へ、という作用や関係としての教育である。それはふつう、一人ひとりの子ども・個人の自己実現や幸福な生活、人生への関心や願いに基づいて行われる。

　もう1つ、教育には国家・社会の維持発展や諸問題の解決を目指して、年長世代が年少世代に対して働きかける、という側面がある。次の時代・社会を担う新しい構成員を育て上げることを目指す教育である。それは国家や社会全体に利益をもたらすための事業として、制度的・組織的な形態で行われる。ふつう公的な財を用いて、公共的な性格を持って実施される。

　もちろん両者は別個のものではない。あくまで教育という1つの事象を、異なった角度から見た場合の2つの側面である。社会的な教育は、個人の教育の集積の上に成り立っている。また個人的な教育も、孤立してではなく、社会的な関係や文脈の中で行われているのである。

制度的な教育への関心

　教育はまた、多くの人々にとって身近な事象でもある。私たちはおそらく誰もが、現在もしくは過去において教育を受ける、行うという経験を持つ当事者である。それはあまりにも身近な経験であるがために、自分の経験から切り離して教育を考えることには困難がつきまとう。

　特に教育は「これは正しいことなのだよ」と教える。「先生の言うことを信じてはダメだよ」という教師の発言は、レトリックとしては含蓄がある。しかし教育の実際としては混乱をきたす。教育には自らの働きを正しいものと前提し、主張する自己正当化機能が備

わっている。

こうしたことから私たちには、どちらかといえば自分にとって身近な事柄である教育の個人的な側面への関心が強い。教育の社会的な側面や制度として行われる教育については、行政や政治などによって、どこか自分の力が及ばないところで勝手に進められている、との印象を持つことが多い。

しかし社会制度としての教育もそれが公共的な性格を持つ限り、私たち一人ひとりがその当事者であるにほかならない。教育学を学び研究することの意義は、教育の自己正当化機能を乗り越えて、自分の経験にとらわれない視野を持って、教育をとらえることにある。そのためには、教育の2つの側面を共に見据えること、特に社会的・世界的状況の中で教育を考える姿勢が大切になってくる。

この後、日本の教育制度における改革の動向と背景を確認する。さらにその中で教育課程改革に焦点を絞り、最近の改革に至る経緯について考える。そして特に現在の教育改革論議の議論の的になっている「ゆとり」と「生きる力」や「学力」という争点について検討する。

2．教育改革の時代

教育改革とは

近年日本の教育制度では、さまざまな局面で大きな変革が進行している。これまでの学校や大学における教育や学習のあり方を見直そうという動きが活発である。さらにはそうした新しい教育や学習を可能にするための仕組みや様式を作り直そうとして、さまざまな

試みがなされている。

　教育を変革することへの関心は、教育関係者（親や教師、教育の行政や研究にかかわる専門家）に限られたものではない。政治や経済、福祉や文化などの領域をはじめとして社会全体に広がっている。また教育改革の気運は世界的な動向でもある。私たちは今、教育改革の時代にある。

　ただし一口に教育改革といっても、その範囲や形態はさまざまでありうる。一般には政治や行政の主導によって、国家や地域（地方公共団体）が運営する教育制度や個別の教育機関（学校や大学）のあり様を組織的に変革することを指す。しかしそうした制度や組織の改革がすべてではない。

　例えば、より抽象的なレベルで教育についての根本的な考え方や理念、さらには教育に携わる人々の意識を転換させようとする場合もある。また、より具体的、実践的なレベルにおいて何を、どのように教えるのか、など教育の内容や方法面での革新が焦点化されることもある。さらには教育そのものというよりは、例えば雇用や社会福祉の制度など、他の社会的な領域と教育との関係のあり方を組み替えようとすることも、広い意味での教育改革に含まれるであろう。

　実際の教育改革は、これらさまざまなレベルの変革が絡み合って進行する。ふつうは教育の改革のみが単独で問題になるというよりも、社会全体の変革の中で教育改革が要請される場合が多い。

誰による改革か

　改革を誰が主導するのかについてもさまざまである。必ずしも政

治や行政ばかりではない。特に個々の教育機関や地域における教育の改革は、そこに属する教職員、保護者、地域住民や団体、専門的研究者を中心として、また時には児童・生徒・学生たちもかかわって進められることがある。特に学校運営や教育方法などに関する実践的な改革は、そうした形態をとることが多い。

　教師をはじめとした教育実践の当事者を中心とする変革の動きを、行政主導の教育改革とあえて対比する場合、民間の「教育運動」としてとらえることもある。日本の教育史を振り返ると、戦前では大正期の新教育や自由主義教育を標榜する運動、さらには生活綴方運動などがその例に当たる。また戦後においても、歴史・地理・科学（理科）などの教科教育や生活指導の分野を中心に、各種の民間教育運動が見られる。それらは組織化された団体によって推進される場合が多い。

　最近では、行政と民間の連携協力によって変革を試みようとする形態も見られる。第3節3項で見るコミュニティ・スクール（学校運営協議会制度）などは、そうした例の一つである。地域住民や保護者などの参画によって、その意向を学校運営に直接的に反映させようとする仕組みである。

　行政主導で改革が行われる場合も、その推進源は決して一元的ではない。教育に関する行政を主管として担うのは文部科学省や地方の教育委員会である。しかし教育改革は、必ずしもそうした機関によってのみ推進されるわけではない。例えば経済・財政的な観点からの教育改革が行われる場合も少なくない。また国家規模での改革の重要性が強調される場合や、教育の専門的機関や専門家の方策への批判が背景にある場合などは、内閣直属で設置された機関が中心

となって改革政策が打ち出される場合がある。かつての教育再生会議（2006〜08）、同懇談会（2008〜09）、教育改革国民会議（2000〜01）、臨時教育審議会（臨教審：1984〜87）などがその例である。

教育改革の利害関係

　民間主導や実践の現場を中心とする教育革新の試みがあるにせよ、やはり大規模な教育改革は、行政主導の制度的変革として行われることが多い。実際に現在進行中の改革もそうである。政治や行政の側から進められる改革は、教育の当事者や実践の現場にとっては、どこか外部から一方的に変革を押しつけられているように、とらえられることが多い。事実、これまでの日本の教育史においては、行政主導の改革・政策と民間の教育運動はしばしば鋭く対立してきた。

　実際に教育を動かすのは、教育の当事者や実践の現場にほかならない。しかし教育のあり方に関しては、多様な立場からさまざまな人や組織が強い関心を持っている。政治や経済、福祉、文化などなど社会のあらゆる領域や機能が教育にかかわってくるからである。教育改革はそうしたそれぞれの利害関係が交錯する中で、議論され施策化されてゆく。そしてしばしば改革の主導権をめぐって、政治的・イデオロギー的な対立、思想や価値観の対立が生じることになる。

　教育の実践や実際における問題や要請への無視や誤解に基づいて、行政や政治の主導による、恣意的な教育改革が進められることには重大な問題がある。しかし教育の現場や当事者に常に正当性があるわけでもない。思わぬ視野狭窄に陥っていることもありうる。教育の当事者が社会的・制度的な文脈で教育を考え、広い視野の下で教育改革や教育政策の策定や実施に積極的に参画する仕組みを作って

いくことが、今後の課題として求められている。そこに教育学が果たす役割がある。

3．教育改革の動向

2つの教育改革

　日本の歴史はかつて大きな教育改革を2度経験している。

　1つは明治期に近代的教育制度を導入・整備したときである。文明開化の潮流の中で、欧米の学校制度および教育の内容・方法や思想を取り入れようとしたのである。それ以前の日本では近代的な「制度としての教育」という様式にほとんどなじみがなく、このとき初めて遭遇することになった。それは改革というよりも新しいシステムの構築であった。もっともそれは一挙になされたわけではなく、幾度かの改革を積み重ねることで、本格的な整備が進んでいったのである。

　もう1つは第二次世界大戦直後である。戦前日本の国家主義を支えた大きな要因の一つが教育にあったという反省の下で、新しい民主主義国家にふさわしい教育の考え方と制度への転換が目指されたのである。現在の日本の教育制度は、このときに骨格が作り上げられた。ただし終戦直後の改革には、その後約10年が経過する間に比較的大きな修正が加えられた。なおこの時期の改革は、教育のみならず社会制度全般に関してアメリカ合衆国の強い影響の下で行われた。

　もちろんこの2つの大きな変革以外にも、そのときどきの社会状況や教育問題に応じて、さまざまな改革が行われてきた。その中で

も最近20〜30年間の日本の教育における変革は、その範囲が広範で、また特に戦後の教育制度の基本的な枠組みを大きく改変するものとなっている。戦後、幾度か「第三の教育改革」を標榜する動きがあったが、近年の教育改革こそ、その規模や性格において、第三の教育改革と呼ばれるのにふさわしいかもしれない。

それは、戦後教育の骨格を成してきた教育基本法が改定されたことに顕著に表れている。

教育基本法の改定

第二次世界大戦後の教育の基本方針を定めた教育基本法は、1947年に制定された。日本の教育にかかわる憲法として位置づけられるものである。それは60年近くにわたって、戦後日本の教育制度の根本を支えてきた。2006年、それが大幅に改定されたのである。

改定された教育基本法では、前文において新たに「公共の精神を尊び、豊かな人間性と創造性を備えた人間の育成」や「伝統を継承」する教育が強調された。また従来の教育の目的の規定に加えて、それを実現するための5つの目標が掲げられた。さらに「生涯学習の理念」「大学」「私立学校」「家庭教育」「幼児期の教育」「学校、家庭及び地域住民等の相互の連携協力」など旧法にはなかった新規の条項が加えられている。

旧法の各条項に関しても、大幅な修正や追加が行われた。それらは障害のある人への教育上の支援、義務教育の目的規定およびその実施についての国と地方公共団体の責務、学校教育を受ける児童・生徒が規律を重んじ、学習意欲を高めることを重視すべきこと、教員の養成と研修の充実、教育行政における国と地方公共団体との役

割分担、相互協力や財政上の措置など、広範囲に及んでいる。

教育振興基本計画

　今回の改定では、政府が「教育振興基本計画」を定め、国会に報告し、公表すべきことが新たに規定された。これを受けて2008年7月に閣議決定された計画は、「今後10年間を通じて目指すべき教育の姿」として、「①義務教育修了までに、すべての子どもに、自立して社会で生きていく基礎を育てる」「②社会を支え、発展させるとともに、国際社会をリードする人材を育てる」という目標を設定し、実現に向けた予算措置と教育投資の確保の必要性を訴えている。

　同計画ではこうした目標の下で「今後5年間に総合的かつ計画的に取り組むべき施策」を、「社会全体で教育の向上に取り組む」「個性を尊重しつつ能力を伸ばし、個人として、社会の一員として生きる基盤を育てる」など、4つの基本的方向に分けて詳細に列挙している。その際、従来の教育政策が「教育課程」や「高等教育」など、個別テーマに焦点化され当該領域内で自己完結的であったことを反省し、横断的・総合的な政策の策定・推進が必要であることを指摘している。

　また計画・施策を推進するために必要な事項として、国と地方公共団体の役割分担、財政措置とその重点的・効率的運用、情報収集・発信と国民の意見などの把握や反映、新たに生じる課題への適切な対応、進捗状況の点検と計画の見直しなどをあげている。特に「施策の立案や実施におけるプロセスの透明性を確保するとともに、幅広い国民の参画を得て施策を推進することが重要である。このため

教育に関する施策に関し、迅速かつ的確な情報の収集・発信に努めるととともに、公聴の機会の充実等により、国民の意見等の把握・反映に努める必要がある」との言明に注目したい。

教育三法の改定と学習指導要領、幼稚園教育要領の改訂へ

　教育基本法改定や教育振興基本計画の策定を受けて、2007年6月、教育関連法案の改定を提案する3法が公布された。学校教育法、地方教育行政の組織及び運営に関する法律（以下、地方教育行政法と略）、そして教育職員免許法及び教育公務員特例法の改定法案である。

　学校教育法の改定では、新たに義務教育の目標が定められると共に、幼稚園から大学までの各学校種の目的・目標が見直された。また幼稚園や小・中学校などに副校長や主幹教諭、指導教諭という職を設置できるようにした。それに加えて学校評価と情報提供に関する規定を整備することで、学校の組織運営および指導体制の充実を図ることが狙いとされている。

　この改定を受けて、学校の教育課程の基準として文部科学省が告示する学習指導要領も相次いで改訂されることになった。2008年には小学校、中学校について、および幼稚園教育要領が、さらに2009年には高等学校および特別支援学校について改訂がなされた。

　地方教育行政法の改正では、教育委員会の責任の明確化や体制の変革が図られた。さらに教育委員への保護者の選任の義務化など、教育行政における地方分権が推進されると共に、国の責任や関与についても、より明確に示されることになった。

　教育職員免許法および教育公務員特例法の改定では、教員免許更新制が導入されると共に、分限免職処分を受けた者の免許状の失効

などについての規定が設けられたほか、指導が不適切な教員の人事管理の厳格化が図られることとなった。

今後、これらの法改定に基づいて、さまざまな局面で具体的な改革が進められることになる。

4．初等中等教育課程の改革動向

学習指導要領

広汎かつ多岐にわたる教育改革の中で、以下では、特に初等中等教育の教育課程の改革に焦点を当てて検討しよう。近年「ゆとり」を大切にするのか、「学力」向上を目指すのか、あるいはその関係をどう考えるのか、という議論が注目を集めたことはよく知られている。また後に見るように、「学力」向上のための教育改革は、世界的に共通して見られる動向でもある。

日本では現在、小学校、中学校・高等学校（中等教育学校）および特別支援学校について、文部科学省が学習指導要領という教育内容、教育課程編成の基準を作成している（幼稚園については幼稚園教育要領）。各学校は、それに基づいて、教育課程を編成し各教科・領域における指導計画を立案・実施する。また学校で使用される教科用図書（教科書）も、これを基に作成される。

各学校は、地域や学校、児童・生徒の実態を踏まえて、教育活動を行うことが求められている。一方で全国的基準としての学習指導要領が、学校教育に及ぼす影響は絶大である。最初の学習指導要領は、1947年に試案として提示され、各学校や教師が教育課程を編成する際の「手びき」とされた。しかし1958年の改訂以降、官報

に告示され、法的拘束力を持つものと位置づけられた。

最近の改訂

　学習指導要領は、社会の変化やそれに伴う教育上の課題に応ずる形で、ほぼ10年ごとに改訂されてきた。2008年1月、中央教育審議会は「幼稚園、小学校、中学校、高等学校及び特別支援学校の学習指導要領等の改善について」を答申し、これを受けて学習指導要領などが改訂された。

　各学校の教育課程における教科などの編成や、それぞれの授業時数に関しては、学校教育法施行規則（文部科学省令）が定めている。学習指導要領の改訂と共にこれも改定された。それによって小学校では、国語・社会・算数・理科・体育の授業時数が6学年合せて350時間程度増加する。中学校では、国語・社会・数学・理科・外国語・保健体育について400時間（選択教科の履修状況を踏まえると230時間）程度増加する。週あたりの授業時数も増える。総合的な学習の時間の授業時数については、小・中学校共に縮減し、高等学校では弾力的に取り扱うことになった。

　新しい教育課程は、周知徹底や移行の期間を経て、幼稚園が2009年度、小学校が2011年度、中学校が2012年度からそれぞれ全面実施され、高等学校では2013年度から学年進行で実施される。ただし一部の教科などに関しては、部分的に先行実施されるものもある。

新しい教育課程の狙い

　学習指導要領などの改訂に伴う新しい教育課程の狙いは、どこに

あるのだろうか。文部科学省によれば、今回の改訂は教育基本法や学校教育法の改定によって、明確化された教育理念を踏まえたものとされる。ただし「生きる力」をはぐくむ、という改訂前の理念は継承するとしている。

　法改定による教育理念や目標の明確化を受けて、今回の学習指導要領改訂では、公共の精神、生命や自然、伝統と文化の尊重、そしてわが国と郷土を愛すること、また国際社会の平和と発展や環境保全への貢献などが、教育内容改善の眼目として強調されている。そのほか今回の改訂の要点とされているのは、基礎的・基本的な知識・技能の習得と、思考力・判断力・表現力などの育成を重視することである。授業時数の増加はこうした観点から行われている。

　ただしそれは、学校で指導するべき教育内容を増加させるというよりも、児童・生徒が意欲をもって学習を習慣化し、その内容を確実に習得させることを狙っている。例えば小学校低・中学年では、体験的な理解や繰り返し学習を重視することで、基礎的・基本的な「読み・書き・計算」などの知識・技能の定着を図ろうとしている。また知識・技能の単なる習得にとどまるのではなく、それらを活用し、思考力・判断力・表現力を育成するために、観察・実験、レポート作成や論述などの学習活動を充実させるとしている。特に、学習の基盤をなすものとしての言語に関する能力の育成を重視し、国語科にとどまることなく、言語活動を各教科などの指導に組み込もうとしている。そしてその分、総合的学習の時間数が縮減されることになったのである。

「ゆとり」ある学校生活を

　第二次世界大戦後、日本社会の復興のために、初等中等教育には、経済成長や科学技術の発展を支える人材を育成することが強く期待された。そのため1958～60年の学習指導要領（1961年度から順次実施）、およびそれに続く1968～70年の改訂（1971年度から順次実施）では、基礎学力の充実や科学技術にかかわる知識をはじめとして、系統的な学習が強調されていた。

　これに転機が訪れたのは、1977～78年の改訂（1980年度から順次実施）である。「ゆとり」という考え方が登場するのである。従来の知識習得中心のいわゆる「詰め込み教育」への反省・批判である。そこでは「ゆとりある充実した学校生活」の実現を目指し、児童・生徒の学習負担の軽減が図られた。そして各教科などの目標や内容を中核的事項に精選し、授業時数が削減された。基礎的・基本的な内容は重視しつつも、児童・生徒の個性や能力に応じた教育が強調されるようになった。

　また学習指導要領上の規定はなかったが、「ゆとりの時間」が設けられるようになった。それは、学校裁量で体力づくりや奉仕活動などの諸活動に充てることを趣旨としていた。しかしその実態は多様であった。また授業時数の削減により、授業に「ゆとり」がなくなった、と揶揄されたりもした。

　しかしながらその後も、この方針は継承される。1989年の学習指導要領（1992年度より順次実施）では、学ぶ意欲や社会の変化に主体的に対応できる能力、特に「思考力、判断力、表現力」の育成が強調された。小学校低学年では社会科、理科に代わって「生活科」が新設された。個に応じた教育が主張され、前回の改訂で高等学校

に導入された習熟度別指導が中学校でも可能になった。

「生きる力」へ

　続く 1998〜99 年の改訂（2002 年度より順次実施）でも、基本的にはこれまでの改訂の方向性の基調が維持されている。そして新設されたのが「総合的な学習の時間」である。そこでは従来の教科などの枠にとらわれることなく、横断的・総合的に、国際理解、情報、環境、健康、福祉などの分野をはじめとして、児童・生徒自らが課題を見つけ、その解決に向けて取り組む学習が目指された。

　そしてこのころより、児童・生徒の主体的な学習を重視する方策が、「生きる力」の育成として強調されるようになる。この語は、1996 年に公表された中央教育審議会（第 15 期）の「審議のまとめ」などで最初に示された。「生きる力」とは、変化の激しい社会に対応して「自分で課題を見つけ、自ら学び、自ら考え、主体的に判断し、行動し、よりよく問題を解決する能力」や「自らを律しつつ、他人と協調し、他人を思いやる心や感動する心など豊かな人間性とたくましく生きるための健康や体力」であるとされた。「知識を教え込むことになりがちであった教育から、自ら学び、自ら考える教育への転換」（同審議会「第 1 次答申の骨子」）が目指されたのである。

　「生きる力」という言葉は、今回の学習指導要領においても、引き続き教育課程編成の理念として継承されている。「ゆとり」と「生きる力」は排他的な概念ではない。共に一定の知識の伝達・習得に重点をおく学校教育のあり方に対する批判に基づいている。ただし今回の改訂では、もはや「ゆとり」は掲げられていない。「ゆとり」か（知識の）「詰め込み」か、という構図で考えるのではなく、知

識や技能の基礎・基本をきちんと獲得させた上で、それを活用する能力の育成を目指そうとしている。それが「生きる力」だとされている。

「ゆとり」から「生きる力」へ、という教育課程編成が掲げる言葉の変化は、方針の転換なのであろうか。それとも発展的継承なのか。次項でその背景を探ることにしよう。

5.「学力」調査の影響力

「ゆとり」による「学力」低下批判

「ゆとり」を標榜する教育課程の編成方針に関しては、2000年前後から強い批判が高まった。そのきっかけの一つが『分数ができない大学生』〔岡部ほか、1999〕の出版である。その後、同書の著者たちは『小数ができない…』『算数ができない…』と大学生の「学力」の問題点を指摘していった〔岡部ほか、2000；2001〕。

大学教員を中心として、学生が大学での研究・学修に必要な知識・能力を身につけていないのではないかという疑念は、その約10年前から生じていた。当初は大学入試センター試験や、私立大学の入学試験における科目選択のあり方（減少）に問題が焦点化されていた〔荒井ほか、2008〕。しかし次第に学習指導要領の方針に批判が集まるようになった。「ゆとり」を標榜することで、「学力」が低下してしまっているのではないかと。そうした動きを受けて、2003年に学習指導要領が一部改訂された。異例のことであった。

「学力」低下の問題については、それが事実かどうか、またそれをどのようなデータによって計測するのか、という事実認定にかか

わる議論に始まって、さまざまなことが争点となった。「学力」が低下しているとして、その原因は何か。ほんとうに「ゆとり」を標榜する教育課程に問題があるのか。その場合教育課程の何がよくないのか。あるいは学校だけに原因があるのか。社会的な問題が反映されているのではないか。さらには「学力」とは何か、今のそしてこれからの社会に必要な「学力」は何か、という本質的な論点にまで及んだ。

国際的「学力」調査

そうした中で、児童・生徒の「学力」や学習状況の実態に関する調査への関心が高まった。

2004年末に相次いで発表された、2つの国際的調査の結果（2003年度実施）は、特に注目を集め、大々的に報道された。国際教育到達度評価学会（IEA）の国際数学・理科学習動向調査（TIMSS 2003）と経済協力開発機構（OECD）の国際的生徒評価調査（PISA 2003）である。

TIMSSは、小学4年生、中学2年生段階を対象とする調査である。TIMSS 2003で日本は、算数・数学（小：3位／25カ国、中：5位／46カ国）、理科（小：3位／25カ国、中：6位／46カ国）共に上位を占めている。ただし前回調査よりも理科の順位が下がっている。それが報道などでは注目された。実際には、順位よりも小学校理科や中学校数学で、得点の有意な低下が見られたことが問題であった。また数学や理科への学習意欲（勉強が楽しいと思う、得意な教科である）に関する調査では、いずれも国際平均を下回っていることが明らかになった。さらに以前に比べて、意欲を持つ子どもとそうでな

い子どもとの差が広がる傾向にあることも指摘された。

　一方 PISA は、15歳生徒（日本では高校1年）を対象として、2000年から3年ごとに実施されてきた。PISA 2003 では、「読解力」「数学的リテラシー」「科学的リテラシー」、さらにこの年に加えられた「問題解決能力」に関する調査が行われた。その結果日本は、順位としては、「読解力」（14位、OECD 平均と同程度）以外は、全体的に上位に位置している（数学：6位＝統計的誤差の範囲として1～2位、科学：2位＝同2～7位、問題解決：14位＝同）。ただし数学の前回順位は1位であった。また読解力に関しては、前回8位から順位を大きく下げたほか、比較的下位得点層の割合が多く、それが増加傾向にあることがわかった。

　2007年末に発表された PISA 2006（問題解決能力以外の3分野対象）では、読解力についてはほぼ前回並みであったが、数学・科学共に順位が下がった。そして全般的に見て3分野とも、同一問題の正答率が低下傾向にあることが報告されている。なお科学に関しては、前回調査との比較ではほぼ同じであるが、2000年調査と比べるとやはり低い。また読解力得点の下位層の増加傾向には歯止めがかかったようである。2008年末に公表された TIMSS 2007 の結果については、平均得点はすべて前回以上で、国際的に上位を維持していると報告されている。さらに2010年末公表の PISA 2009 の結果では、「読解力」の順位が2007年調査の水準に回復した。

調査の意味

　これらの調査は全般的に、一見、日本の子どもの「学力」低下の指摘や批判を裏づけるものになっている。そのため、マスコミをは

じめとして社会から強い注目を集めた。教育研究者、また文部科学省や関連機関も、これらの調査結果が何を意味するのかについて、さまざまな角度から分析・研究・議論を重ねている。それらが今回の学習指導要領の改訂にも大きく影響している。

ただし2つの調査については、それが測ろうとする「学力」の性格の違いに注意しなければならない。TIMSSの設問は、主として学校で教えられている知識や技能の習得状況を知ることに重点が置かれている。それに対してPISAは、子どもが知識や技能をどのように社会生活や実際的な場面で活用できるのか、またその可能性を持っているのか、ということに主眼を置いている。

大切なのは「学力」が低下しているかどうかということよりも、現状として日本の子どもたちの学習状況がどのような状態にあり、それがどのように変化しているのか、ということをきちんと把握することである。国際的な順位争いに、一喜一憂するべきではない。

教育や学習の実態を把握するために、そしてそれを改革に生かすために、実証的・実験的データを得ることは重要である。これまでも学習指導要領の実施状況調査なども行われてはきた。ただし教育改革の方針が、こうした実態調査に基づいてきちんと策定されてきたとは必ずしも言えない。

2007年4月からは毎年、小学校6年、中学校3年の、原則として全児童・生徒を対象とした全国学力・学習状況調査が実施されている。当初は悉皆(しっかい)調査を目指していたが、2010年度より抽出調査および希望利用方式に切り替えられている。その実施対象や方法、設問のあり方や集計の手続き、データの公表を含めた活用方法については、さまざまな議論が巻き起こっている。調査のあり方をめぐっ

て今後さらなる見直しなどが必要にはなるであろうが、教育改革や政策の実施状況や成果に関して、これまでのように、検討の基礎となる資料が得られることの意味は小さくない。

データ・理論・思想

　ただし実証的・実験的調査によるデータのみでは、教育改革の方針や政策は決まらない。

　先に PISA と TIMSS の性格の違いに触れた。このように順位や得点というデータが何を意味するのか、ということを分析し考えねばならない。その分析と意味の考察によって、初めて事象を説明する理論を作ることができる。さらにその理論を踏まえて、これからの社会にはどのような「学力」が求められ、学校ではどのような「学力」の育成を行うことができるのか、ということの見極めが必要である。それは、これからの教育にとって何が大切か、という価値判断を伴ういわば「思想」である。こうしたデータや理論、そして思想の下で、具体的にどのような措置をとることが可能で必要なのかという方針が決まってゆく。それが政策（ポリシー）である。

　社会制度としての教育の改革は、一時の世論の気まぐれや、政治の恣意性に左右されやすい。朝令暮改や振り子のように揺れ動く教育改革が繰り返されることも少なくない。その影響をじかに被るのが、子どもをはじめとする教育の当事者である。持続性の高い教育改革を進めてゆくためには、実態把握のためのデータの蓄積、整合性の高い理論、そして確固たる思想に根拠づけられた政策の策定が必要である。そのために教育学の果たすべき役割は大きい。

【文献】

荒井克弘・倉元直樹編著『全国学力調査―日米比較研究』金子書房、2008年

岡部恒治・戸瀬信之・西村和夫編『分数ができない大学生―21世紀の日本が危ない』東洋経済新報社、1999年

同『小数ができない大学生―国公立大学も学力崩壊』東洋経済新報社、2000年

同『算数ができない大学生―理系学生も学力崩壊』東京経済新報社、2001年

国立教育政策研究所編『生きるための知識と技能<2>OECD生徒の学習到達度調査（PISA）2003年調査国際結果報告書』ぎょうせい、2004年

同『生きるための知識と技能<3>OECD生徒の学習到達度調査（PISA）2006年調査国際結果報告書』ぎょうせい、2007年

同『生きるための知識と技能<4>OECD生徒の学習到達度調査（PISA）2009年調査国際結果報告書』明石書店、2010年

藤田英典『教育改革―共生時代の学校づくり』岩波書店、1997年

同『義務教育を問い直す』筑摩書房、2005年

堀尾輝久『教育を拓く―教育改革の二つの系譜』青木書店、2005年

村井実『教育改革の思想―国家主義から人間主義へ』国土社、1987年

第2節　比較教育というアプローチ

1．教育の国際性

グローバル化と教育

　現代はグローバル化の時代にあるといわれる。社会のさまざまな領域で、世界的な連動性が高まっている。経済・産業・通信・政治・文化、人々の生活様式や考え方などが、国家や地域の枠を越えて、地球規模で展開してゆく。教育もその例外ではない。国境を越えて人々の往来が盛んになれば、教育の交流も地球規模で拡大する。在外児童・生徒や留学生、移民など、さまざまな文化的な背景を持つ人々が、生まれ育った土地を離れて世界各地で教育を受けるようになる。そうした交流や、時には葛藤や対立を通して、各地の教育のあり方が相互に影響し合うことになる。

　人々の地球規模での移動は、教育の制度的な互換性を高めることを要請する。教育の制度や内容のあり方について、世界的な規模での共通化が求められる。各国は、自国の教育が世界的な水準に適合できているか、他国と匹敵できているか、ということに強い関心を持つようになる。

　例えば最近ではヨーロッパを中心として、大学の入学資格（中等教育修了資格）や学位制度を標準化し、互換性を高めようとする動

きがある。国際バカロレアが前者の例である。また後者については、1980年代半ば以降、欧州圏の高等教育を中心とした交流・統合が、エラスムス計画、ソクラテス計画、ボローニヤ・プロセスなどの試みによって進んでいる。

　ほかにも第1節で触れたPISAに典型的なように、国際機関によって、教育水準やその成果を計測するための世界的な指標作りや調査が進められている。包括的な指標としては毎年発表されるOECDインジケーター〔経済開発協力機構、2010〕が特に有名である。

国際競争と教育

　世界的な教育の制度や水準への関心が強まるのは、人々の移動が活発になったからだけではない。

　グローバル化が進んでいるとはいえ、国境が消滅したわけではない。国際社会における主権の単位としての国家の存在は依然として大きい。国家の枠を維持したままのグローバル化は、実は国家間の競争を激化させることになる。グローバル化という共通の競争路で覇権を争うからである。

　そのため各国は、地球規模の競争的環境の中で、教育制度が果たすであろう役割にいっそう期待を高めることになる。それは特に人材養成や人々の精神的な統合などの機能である。そして他国の教育制度や世界の教育水準への関心を強める。成果を上げているのはどのような教育か。モデルとして採用できる制度や方法はどのようなものか。そしてより効果のある教育のあり方を求めて、ここでもやはり、教育の世界的な同質化や標準化が進むことになる。

　このように現代の教育を考えるためには、国際的な観点や世界的

な視野が重要になる。そしてその際に、有効なアプローチの一つが比較教育である。この項では、まず比較教育というアプローチの前提になる、近代的な制度としての「教育」という様式の世界的な普及過程について考える。さらに比較教育という関心や方法が、どのように発展してきたのかを確認する。そして教育学にとって比較教育（学）というアプローチ方法が持つ意義について検討する。

2．一つの文化としての「教育」

人間形成の土着性

　実はグローバル化が指摘されるはるか以前から、教育への関心は世界的な広がりの下で展開してきた。現在のような国家や地域社会の制度として営まれる教育の仕組みや考え方は、もともとは近代のヨーロッパで始まったものである。それが次第に世界各地に伝播・普及していったのである。その過程で世界各地の教育の制度や方法、思想などは相互に影響を与え合ってきた。

　元来、世界各地の子育てや制度的ではない教育・人間形成の営みは、それが行われる土地に深く根ざしていた。それは、そのコミュニティに受け継がれてきている知識や生活習慣を年少世代に伝達する役割を担っていたからである。したがってそうした人間形成は、その土地固有の、言語・文化・宗教・思想・道徳・習俗・気候・地理、そして政治や経済のあり方に強く規定された独特な様式を持っていた。人間形成の土着性である。社会史や文化人類学の知見は、それぞれの土地や民族によって、また時代によって多様な子育てや人間形成の様態があること示している〔原、1997〕。

近代以前の日本では、教育史研究の成果が、手習塾(寺子屋)や藩校、学問塾、また内弟子制度や徒弟制をはじめとして、「模倣と習熟」の学習文化が伝統的な様式として見られることを指摘している〔辻本、1999〕。

　また心理学による日米比較研究は、日本の母子間のしつけの作用が、言葉による指示ではなく「見て習わせる」という「滲み込み型」とでもいうべき特徴を持っていることを明らかにしている〔東、1994〕。

　これらは後に見るような、欧米に起源を持つ近代的な学校教育の様式や、「教え込み型」のしつけのあり様とは異質のものであったと考えられる。

近代公教育制度の普及

　こうした人間形成の土着性は、近代国家が制度的な教育を導入することで、大きく揺さぶられる。

　近代ヨーロッパでは18～19世紀にかけて、国民的な一体性を意識した国民国家が相次いで成立した。それはやがて世界各地に広がり、近代国際社会の基本的な構成単位となっていく。この国民国家の発展の支柱となったのが近代的な教育制度である。それは、すべての国民の子どもを対象とする。国家などの公権力によって、原則として公費によって運営される学校で教育を行う仕組みである。そうしたことから、それは(近代)公教育制度もしくは国民教育制度などとも呼ばれる。

　公教育制度は多くの場合、複合的な民族から構成される「国民」を統合し、国家の一体化を図るための仕組みであった。また国家の

産業的・経済的発展を支える有能な人材としての国民を育成するための装置でもあった。さらに民主主義制度を基盤とする国家では、その主権者にふさわしい知性や判断力を持った、政治的主体を養成するための重要な制度であった。

したがって近代的な国家を建設し、近代的な産業社会を発展させてゆくためには、こうした公教育制度を整備させることが必要条件であると考えられた。実際に先進諸国では、国民国家としての基盤の確立と共に、19世紀の後半以降、急速に公教育制度の整備が進んだ。また現在でも発展途上国では、開発・経済発展のための重要な手段として、自力でもしくは先進諸国や国際機関の協力を得るなどして、教育制度の整備に熱心に取り組んでいる。こうして近代国家や産業の進展と共に、西洋近代に起源をもつ教育の仕組みや考え方が、世界各国に波及してゆくことになる。

ヨーロッパ文化としての「教育」

近代的な教育制度は、世界各地に広がる過程において、必ずしも土着的な人間形成やその国の既存の教育制度と、うまく適合できたとは限らない。その導入には、葛藤や摩擦が生じることがあった。

例えば日本においては、明治初期に、新しい政府によって学校教育制度が導入された。当時、積極的にこれを推進し自らの資金で学校を建設した人々もいた。しかし反対に学校という教育の仕組みに対して強く反発した人々がいて、学校がしばしば焼き討ちされたこともあった。

近代的な国民国家や産業社会を支えるものとして、制度的に「教育」を実施するという仕組みや考え方は、それ自体が近代ヨーロッ

パという土壌に芽生えた、土着的な一つの様式なのである。したがってそれは、近代ヨーロッパの文化・宗教・思想・人間観・政治・経済などを背景として成り立ったものである。例えばキリスト教における神と人間の関係、また近代科学における自然と人間の関係や、知識のあり方や合理性の考え方、さらには人権や民主主義に関する思想などの影響が大きいと言えよう。それらを基盤として、未成熟な年少世代の子どもたちを、次の時代の社会を構成する一員として育て上げることを目的として、合理的、また計画的・組織的に実施するという制度としての「教育」という様式が作り出されたのである。その様式は、近代ヨーロッパの人間観や価値観、社会観と不可分であった。そうした「教育」の様式は「一つの文化」なのである。

異文化としての「教育」の融合と定着

したがって近代的な制度としての「教育」という様式が、世界に伝播してゆくに当たって、近代ヨーロッパ的な文化的背景や、価値観などを共有しない地域や土地にとって、最初それは「異文化」としてのインパクトを持った。すなわち「教育」は、土着の人間形成とは異質のものとして接触してくるのである。それをどのようにして各国や地域が受容するかには、いくつかのパターンがある。

葛藤が最も大きいのは、強制的に「教育」という様式が移入されるときである。例えば植民地化や軍事的な占領による場合である。他方の極には、国家や社会が自主的かつ積極的に「教育」の導入を図る場合がある。もともとの文化的背景が「教育」の様式に近ければ、土着の人間形成との摩擦は少ない。しかしたとえ国家などの自主的な選択として、政府が積極的に「教育」を導入したとしても、国民

や民衆の文化的な背景と適合しにくい場合もある。明治初期の日本がその例である。

また近代ヨーロッパと一口に言っても、そこにはさまざまな歴史的経験を持つ国家がある。それぞれの国によって、この「教育」の様式が実際に制度化されたときの形態は一様ではない。

例えばイギリスでは、身分制的・階層的社会の構造が教育制度に反映され、エリート向けと庶民向けに複線化した学校体系が根強く維持された。また教育を私事的なものと考える傾向が強く、国家的な統制による公教育制度の整備がなかなか進まなかった。これに対して、フランスでは比較的早くから中央集権的に教育制度が整備された。またドイツでも国力の増強と共に急速に国民教育制度が整備されていったが、中等教育段階以降では進路に応じた分岐的な体系が制度化された。

ハイブリッドとしての教育

したがって「教育」という様式を、一元的に固定されたものと考えることは適切ではない。

ヨーロッパの内外で「教育」は、各国・地域などの土着の人間形成の様式や文化的・社会的諸要素、さらにはすでに独自に発展していた既存の学校（制度）などと融合しながら定着していった。各国は異文化としての近代的「教育」の様式を受け入れながら、それを自国の制度や土壌に合わせて、変容かつ適合させてきている。その意味で、現代の各国における制度としての教育は、ハイブリッド（混合種）としての性格を持っているのである。そしてグローバル化によって、このハイブリッド化がますます進むと共に、その世界的な

共通性も強まる傾向にある。

よって、それぞれの国や地域の教育を考えるときには、大きく2つの要素を視野に入る必要がある。個々の固有性と世界的な共通性である。すなわち1つには、各々に固有な文化的・社会的・歴史的要因などに規定されて、教育が独自の形態や様式を持つという点である。そしてもう1つには他国や世界の動きに連動したり同調したりする形で、教育が共通性を強めてゆくという点である。この固有性と共通性の両方を視野に入れてこそ、ハイブリッドとしての現代教育の姿が、正確に把握できるのである。そしてそのような観点から自国や他国、さらには世界全体の教育の現状を把握し、教育の改革や政策の策定を支援する姿勢が、比較教育というアプローチの方法である。

3. 比較教育への関心

方法としての「比較」

ふつう比較教育とは、国際的・世界的な観点から教育のあり様を比べ、検討することを意味する。

比較とは、基本的には複数の対象を比べて、類似点と相違点を明らかにする行為である。それは学問としても一般的な生活上の思考様式としても、多様な分野や局面で活用されうる汎用性の高い方法である。したがって比較教育にも、さまざまな方法やパターンがある。

比較の対象となるのは、通常、自国の教育と外国の教育である。他国との比較を通して自国の教育を理解したり、その問題を認識したり、改善策を模索するためであることが多い。しかしそればかり

ではない。さしあたり自国のことは視野に入れずに、他国間の比較を試みることもある。また必ずしも国家を単位とするのではなく、同一国内の地域や民族間の比較、あるいは国境の枠を越えた地域・文化圏や民族集団の比較もありうる。さらには個別の比較ということよりも、地域・文化圏単位あるいは、世界的な教育動向や水準を全体的に把握することが目指されることもある。

また単なる情報収集や調査の場合には、対象の類似点と相違点を明らかにするのみで終わってもよい。ただし比較の結果を研究的な知見に高めるためには、その類似や相違がどのような要因や条件、理由によって生じているのか、またそれが持つ意味について考察することが求められる。

このように比較教育は多彩な様相を持つ方法である。ただし組織的な調査や研究において、比較教育の方法が活用されるのは多くの場合、実用的な動機や目的からである。すなわち自国の教育の改革・革新や政策策定のためである。現在の世界的な教育改革動向の中でも、比較教育的な関心は高まっている。歴史的に見ても意識的に比較教育という手法や観点が採られるようになるのは、近代以降の制度的な教育という様式の普及過程以降に顕著である。公教育制度の導入のために、またその改革や革新のために、外国教育のあり様を知ることへの要求が高まるのである。

日本における比較教育的関心

日本における本格的な比較教育への関心も、やはり近代的な制度としての「教育」という様式の導入期に始まる。幕末期以降、欧米諸国の社会制度や技術・文化などへの関心が高まった。当然「教育」

についてもである。そして海外視察団や留学生、さらには「お雇い外国人」や輸入書籍・文献などを通して、積極的な情報収集や調査が行われた。例えば、1871（明治4）～73年に、アメリカおよびヨーロッパ12カ国に、総勢100名以上が派遣された岩倉（具視）使節団では、田中不二麿・文部理事官が教育事情の調査を行い、帰国後全15巻の『理事功程』という詳細な報告書をまとめている。日本の近代的教育制度の建設は、すでに使節団の帰国前の1872（明治5）年に制定された「学制」を発端としている。その後さらに規程・制度の改廃・制定が繰り返されることで、教育制度が整備されてゆく。最初の「学制」をはじめとして、いずれの場合にも、さまざまな欧米の教育制度が、その時々の事情や政策課題に応じて、モデルとして採用され、取捨選択された。教育制度だけでなく、教育の内容や教科書を含む教材・方法、教員養成などに関してもである。

　一般的には、「学制」のモデルは中央集権的なフランス、その後は地方分権的なアメリカ、そして明治20年前後からは制度的にも方法的にもドイツからの影響が強まったといわれる。しかし実際には、確かにモデルとして優勢な国を特定できるにしても、必ずしも単一国のみの制度などを、そのまま採用したわけではない。その時々の状況に応じて、モデルが取捨選択されていったのである。

　さらに第二次世界大戦後の改革でも、外国教育がモデルとなった。他の多くの社会制度と同じくアメリカのそれである。ただし連合国側による占領下という状況であった。戦後の教育改革に強い影響を与えたのは、1946（昭和21）年3月に提出された『アメリカ教育使節団報告書』である。その勧告のすべてが、必ずしも実施に移されたわけではない。国家体制の根本的変革に伴う、抜本的な教育改革

が目指されたとはいえ、戦前の教育の仕組みや考え方を一挙に消滅させて、新しい教育を作ることには相当な困難が伴った。完全にアメリカ・モデルが実現したわけではない。

また改革施策の最終的な決定は、教育刷新委員会など日本側の組織によるものであった。その政策過程を詳細に検討すれば、必ずしも日本側が全く受け身的にアメリカの意向を受け入れたとはいえない部分もある。もっとも当時の政治的・社会的状況を考えれば、それでもやはり実質的には、アメリカ側の強い権力的影響のもとで戦後教育改革が進められていったことは否めない。

欧米における比較教育的関心

外国教育や比較教育への関心が、実用的な動機や目的から始まっているのは何も日本だけではない。欧米でも近代的公教育制度の整備が進む 19 世紀の半ば以降に、外国教育への関心や視察調査に基づく報告書の刊行が盛んになる。例えばフランスのクーザンによる『プロイセンの公教育の状態に関する報告』(1832 年)、アメリカのマンによる『第七年報』(1842 年)、イギリスのアーノルドの『ヨーロッパ大陸の学校』(1868 年) などが知られる。いずれも当時急速に強力な国民国家の建設に向けて、公教育制度を整備しつつあったドイツ・プロイセンに主たる関心が向けられていた。実際に、それらの報告は各国の制度整備や改革などに強い影響を与えたのである。

「比較教育」という用語は、フランスのジュリアンの『比較教育学の構想と予備的見解』(1817 年) に由来する。彼もやはり、革命後の動乱期のフランス国家のために教育改革を考えた。ただしそれは単なる外国の制度の移入を目指すよりも、その包括的な理解を目

指すものであった。彼はヨーロッパ諸国の教育を、領域や項目別に分類した「分析表」を作成し、総合的かつ客観的な実態把握を試みた。比較教育学の歴史においては、このジュリアンの仕事が始原として位置づけられている。ただしその業績が注目されるのは、19世紀の後半になってからのことである。

　実用的な観点から動機づけられた教育改革のための比較教育への関心は、しばしば「採長補短」的な「教育借用」として批判される。自国に都合のよいところだけを恣意的に採用していると。ただしこれまで見てきたように各国の教育は、土着的な人間形成と近代的な教育という様式、あるいは外来モデルとのハイブリッドとして成り立っている。自国の事情に合せて、取捨選択的にあるいは試行錯誤的に他国の制度や方法を取り入れることは、必ずしも不当なことではない。

　「教育借用」に問題があるとすれば、実用的な動機が優先されるあまり、外国教育の把握が不正確になってしまう恐れがあることである。実態とは異なる理解をしてしまったり、ごく一部の特殊な事例のみで全体を一般化してしまうことがある。また教育の制度や方法が機能している全体的な条件や社会的な状況をきちんと分析することなく、浅薄な理解や実態把握にとどまることも多い。ジュリアンはこの点について、先見の明を持っていた。表面的な理解のまま、外国の制度や方法を導入しようとしても結局、既存の制度や土着の人間形成との間に不適合を起こす。改革が根づかなかったり、新たな問題を発生させてしまう。日本をはじめとしてその実例には事欠かない。

比較教育から比較教育学へ

したがって実用的な観点からの比較教育への関心も、的確な調査や研究に裏づけられる必要がある。ジュリアン以降の比較教育(学)の歴史において目指されたのは、学問的・科学的に正確でより客観的な教育実態の把握とそのための比較の方法論の洗練であった。

教育の実態や現況がどのようになっているか、という外国教育の正確な把握はもちろんのこと、その特徴は何か、またなぜそのような特徴が見られるのかという背景要因や、文脈の解明の必要性が意識されてきたのである。また比較の研究手順についても資料収集や記述、データの分類や処理の方法、仮説の構築と検証など、方法論の段階化・体系化によってその科学的精密性を高める努力も行われてきている。教育の実態把握については、前にも触れたように、各国政府や国際的機関による統計の整備や指標の開発、それを活用した量的研究も進展してきた。そのほかフィールド調査による質的研究の手法も急速に発展している。さらには主として経済学や政治学、国際関係論、社会学などの理論を援用しつつ、教育の国際的・世界的現状や動向を説明するための理論を構築したり、検証する試みも行われている。構造－機能主義理論や近代化論、従属理論や世界システム論などは、特に世界の教育動向を説明するための、比較教育学の理論構成に強い影響を与えてきている。

グローバル化の中で、教育の世界的な実態やその存立構造はますます複雑化している。したがって比較教育という方法が実用的な観点のみならず、教育の学問的解明に果たす役割も大きくなっている。比較教育研究における量的・質的研究の両面からのアプローチによる実証的研究の蓄積と、関連する社会諸科学の成果を視野に入れた、

国際的・世界的な教育動向の理解や理論化は、これからの教育学研究全体の中においても、いっそう重要な位置を占めるものになるであろう。

次項では、比較教育が教育学に果たす役割について確認することにしよう。

4．教育学にとっての比較教育

教育の理論化はどのようにして可能になるか

教育という行為、あるいは教える―教えられるという関係で生じる作用は、きわめて具体的なものである。偶然性が高い、あるいは再現性が低いとも言える。仮に同じ人が同じことを教えても、同じような結果（学び）をもたらすとは限らない。いや同じ結果が生じることの方がまれである。

教育は人間の身体面のみならず、大きく精神面にもかかわる。またそれは少なくとも二者間の、多くの場合はそれ以上に複雑な「関係」において作用するものである。このような具体的で偶然的な教育という行為を、一般化・理論化することには大きな困難が伴う。もし（条件が）Aならば（教育の結果は）Bであろう、という推論が困難なのである。「実験」による教育研究も行われていないわけではない。しかし自然科学のように条件を精密に統制することは容易なことではない。したがって教育の法則や理論の確実性は低くならざるをえない。

では教育学は理論化を断念するべきか。もちろんそうではない。現代の教育は、社会的な関心と公的な責任の下に制度として運用さ

れている。とするならば、それはなるがままに偶然に任せておくわけにもゆかない。やはり教育の法則性の解明や、理論化の努力は必要である。教育改革が持続可能性の高いものになるためには、理論的な根拠に基づいた教育政策が必要である。また学校教育の質の向上・維持のためには、やはり理論的な根拠に基づいた教員養成が欠かせない。精密な実験に基づく普遍性の高い理論は構築できないにしても、安定性のある教育をもたらすことのできる教育の法則の発見や理論構築はできないものか。

社会実験としての各国教育

そうした法則化・理論化のために、有効な一つの方法が比較教育なのである。各国・地域の教育は、内外のさまざまな要因から影響を受けて、今日の教育を作り上げてきている。各国の教育の歴史は、改革や革新の試行錯誤のプロセスである。実験室の中で、教育の実験が困難であるとしても、各国の教育（の改革や革新）自体が、一つの大きな社会的実験であると言ってよい。

したがって特定の国・地域の教育について、その歴史的な過程を含めて、それを成り立たせている、あるいは変化させてきている条件や状況を解明することで、教育変動の法則や理論の基礎となる資料を得ることができる。もしもこういう条件があれば教育はこうなるであろうと。

もっともそれは、あくまでその国や地域の範囲内で適用可能な法則や理論である。その意味で依然として確実性は低い。しかしその中で他の国・地域にも該当するものがあるとすれば、その適用可能性はより広がる。すなわち国や地域の社会的実験の結果を比較し、

その比較を蓄積することによって、法則や理論の一般性は高まるのである。比較は共通性と固有性を明らかにすることである。教育を成り立たせている、あるいは変化させている条件の共通性と固有性を付き合わせてゆく。共通なのはなぜなのか、どのような要因や理由によるものなのか。その国に固有な事象となっているのはなぜなのか、他の国と異なるどのような要因や理由があるのか。こうしたことの蓄積によって、より汎用性の高い理論形成を目指すことができるだろう。

この社会的実験は、必ずしも成功事例（成果が上がったもの）だけが対象になるのではない。失敗の事例に関してうまくゆかなかったことの条件・要因や理由を解明することもまた、理論形成には重要な資料を提供することになる。実際のところは失敗事例の方が多いのかもしれない。であるからこそ改革が繰り返されるのである。失敗事例こそ貴重な資料を提供してくれるはずである。

社会的な要請の中の教育

社会制度として機能している現代の教育について考えるためには、教育のみに着目していては、その実態や問題を解明することは困難である。教育は社会のさまざま領域からの要請や、作用によって成り立っているからである。同様に、これまで見てきたような世界連動的な教育の動向やハイブリッド性を視野に入れれば、自国の教育にのみに注目していても、結局は自国の教育のことは十分には理解できない。比較教育という方法・視座によって各国の教育の共通点と相違点を確認し、それらを生み出している要因を解明する。そこからある国や地域の教育が、決して孤立的・自律的に機能している

のではないということが見えてくる。

　教育の改革や革新が目指されるのは、もちろん現状の教育がうまく働いていないとの認識に基づくからである。しかしそれには教育そのものの働きの問題もさることながら、社会からの要請や期待に対して教育が十分に機能していないということも大きい。社会で生じている問題の原因や解決策が教育に求められる。また、これからの社会の発展や改善の手段として、教育を有効なものに変革していこうとする。こうした考え方によって教育改革が進められている。

　例えば経済的な発展を目指して「学力」向上政策が採られる。また国際的な競争力の増強のために、英語教育の充実が試みられる。さらには社会の秩序や一体性の維持のために、公共の精神や道徳心の育成が強調される。こうしたことから明らかなように、教育を改革することが社会や国家が抱えている問題の解決に不可欠である、との考え方が強く働いている。教育改革は社会や国家のこれからの発展や、国際的競争力増強の手段であるととらえられている。

ステイクホルダーへの視野
　このように現代の制度としての教育は、教育の当事者や関係者のみの意向で、制御することは不可能である。教育には、教育の領域において優先するべき価値や論理があることも事実である。それは端的に言えば、子どもの幸せや、よりよい成長を導くということになるだろう。しかし突きつめてゆくと、教育の当事者、関係者の間でも、この「幸せ」や「よい」ということが具体的に何を意味するのか、またそれに至るにはどのような方法を採るべきかについては、必ずしも合意が見られるわけではない。それどころか、しばしば親・

子ども・教師、教育行政のそれぞれの立場によって、目指すものや意見、利害が対立する。当然それに加えて、社会からの教育への要請や期待も立場によって異なるであろう。教育をめぐる利害関係は複雑である。

　ときに教育と経済の関係が排他的にとらえられることがある。経済発展のための教育改革は、教育の「本来」の働きではない。学校は経済的な利益を追求してはいけない、などのように。しかし制度としての教育は社会的な財や資源を利用して運用される。財政的な裏づけがなくては、よりよい教育はおろか、最低限の教育を実施することすらも不可能である。

　教育だけでなく社会の諸制度や諸機能には、さまざまな人がそれぞれの思惑や利害を持ってかかわっている。比較教育は教育そのものはもちろんのこと、制度としての教育にかかわる、さまざまな利害関係者（ステイクホルダー）が、どのような期待や要請を寄せているのかということを、世界的な視野から分析し考察することを可能にする。実現の可能性や持続性の高い教育改革や教育政策の策定のためには、そうした視座が欠かせない。教育学における比較教育というアプローチの重要性は、専門分化された学問にありがちな視野の狭さを、文字通り世界に開くことにある。

未来へのナビゲーターとしての比較教育

　自国の教育のことだけを見ていては、自国の教育のことはわからないということに関連して、比較教育のもう一つの意味として、自分たちが経験してきた教育とは異なる教育が存在するのだ、ということを認識できるという役割がある。私たちはふつう１つの教育し

か経験できない。複数の国で教育を受けた経験のある人でも、まさに同じ時間・瞬間に複数の国の教育を受けることは不可能である。また日本を含めてある国で教育を受けたとしても、その国すべてで、全く同じ教育が行われているわけではない。それどころか隣の教室との間にも違いがある。

　前節で述べた教育の自己正当化機能は、しばしば自分たちが受けてきた教育を客観的に見つめ直したり、異なった教育のあり方を考える際の妨げになる。中学から高校、高校から大学などに進学し、出身地の違う新しい友達に接して、自分たちが当たり前と思ってきた教育経験が必ずしもそうではなかった、という経験をした人が少なくないのではないか。

　しかし自分たちの受けてきた教育、あるいは自分たちの国の教育の「あたりまえ」にいつまでもしがみついていては、時代や社会の変化に対応して教育の変革が求められるときに、柔軟で大胆な改革の発想を持つことが困難になる。教育をはじめとする社会制度は、社会や歴史の変化の中で、大きな困難に遭遇すればするほど、根本的な反省に基づいた改革を必要とする。根源的な物事のとらえ直しが、最も現実の要請に即した変化をもたらすことができるのである。それは日本の明治期や、第二次世界大戦後の教育改革を見れば明らかである。

　比較教育は私たちの中の教育の「あたりまえ」を、とらえ直すための絶好の手法である。そして教育のあり方を根本的にとらえ直すための方法でもある。これまでも見てきたように、現代社会で主流となっている（近代的な）制度としての教育という様式は、歴史の中で生まれた一つの文化が、土着の人間形成と葛藤・融合しながら、

世界に広がっていったものである。その制度としての「教育」という様式が、社会や世界の変化の中で、さまざまな問題を抱え行き詰まっているとすれば、それに代わるものを探究しなければならない。歴史の中で生まれたものは、いつかは滅びる。あるいは滅びる前に装いを新たにして生まれ変わるかもしれない。教育だけを見ていては、そして教育を「あたりまえ」のものと見ていては、次の時代の人間形成のあり方は見えてこない。

　比較教育は世界の中での、自国の教育の位置を確認すると共に、教育や人間形成の変化を、世界的な空間と時間の文脈の中で見きわめることを可能にする。それは教育の未来を四次元的に見据える、ナビゲーターであるということができるかもしれない。

【文献】

東洋『日本人のしつけと教育—発達の日米比較にもとづいて』(シリーズ・人間の発達12) 東京大学出版会、1994年

新井郁男・二宮晧編著『比較教育制度論』放送大学教育振興会、2003年

石附実編著『比較・国際教育学[補正版]』東信堂、1998年

臼井博『アメリカの学校文化　日本の学校文化— 学びのコミュニティの創造』金子書房、2001年

馬越徹『比較教育学—越境のレッスン』東信堂、2007年

経済開発協力機構（OECD）編著/徳永ほか訳『図表でみる教育—OECDインディケータ』(2010年版) 明石書店、2010年

国際協力機構編著『日本の教育経験—途上国の教育開発を考える』東信堂、2005年

田中圭治郎編著『比較教育学の基礎』ナカニシヤ出版、2004年
田中不二麿『理事功程』(全15冊)(唐澤富太郎編・明治初期教育希覯書集成・第3輯)雄松堂書店、1982年
恒吉僚子『人間形成の日米比較―かくれたカリキュラム』中公新書、1992年
二宮皓編著『世界の学校―比較教育文化論の視点にたって』福村出版、1995年
原ひろ子『子どもの文化人類学』晶文社、1979年
村井実訳『アメリカ教育使節団報告書』講談社、1979年
文部科学省『教育指標の国際比較』(平成22年版)文部科学省、2010年
文部科学省生涯学習政策局調査企画課『諸外国の教育動向』(2008年度版)明石書店、2008年
辻本雅史『「学び」の復権―模倣と習熟』角川書店、1999年
佐伯胖ほか編『岩波講座現代の教育―危機と改革』岩波書店、1998年

第3節　教育政策と教育学

1．教育改革と教育政策

教育政策の世界的連動性

　前2節で、日本の教育改革の動向と、比較教育というアプローチについて考えてきた。後者は、前者の意味を世界的な視野の下でとらえるための一つの方法である。近代以降、制度としての「教育」という様式が世界に広がった。それ以来、各国・地域の教育は国際的な接触や交流、また時には葛藤の下で相互に影響を与え合いながら、さまざまに変革・変容をとげてきた。そして現在、グローバル化の傾向が強まる中で、教育の世界的な連動性はよりいっそう高まってきている。

　これまで見てきたように、各国・地域などでは自らの教育のあり方や問題が他国の実態や動向と比べて、また世界的な水準や情勢に照らして、どのような位置にあるのかに重大な関心を持っている。そしてそれに基づいて、自らの教育を点検・反省し、教育政策を策定しようとしている。

　各国・地域における教育の事情や問題は多様である。したがって個々の対応策もさまざまなはずである。しかし多くの国が、あたかも流行に追いつこうとするかのように、注目を集めている他国の施

策を導入することに躍起になっている。世界的な教育動向の相互参照によって、教育改革の具体的な施策や、その背景にある教育政策の方向性が、国際的に連動しつつ共通化の傾向を強めている。

公共政策としての教育政策

現在の大規模な教育改革が、政治や行政の主導によって進められていることは前に触れた。そのような教育改革は、公共政策の一環としての、教育政策に基づいて行われるのがふつうである。

教育「政策」という言葉にもさまざまな使い方がある。さしあたりここでは一般的な意味で、公共政策としての教育政策というとらえ方をしておこう。政治や行政による公的な制度としての、教育の実施にかかわる組織的な方策としてである。策定者の明確な意図に基づいて、どのような教育（目標）を、どのような手段によって実現するのかについて、体系的に構想されたものである。

公共的な教育政策は、具体的には政治や行政の関係者、組織によって審議・策定された後、法規化される。この法規に基づき行政機関は、必要な財政的措置の下で政策を実施に移す。先にも触れたように、教育政策の策定や実施は、必ずしも文部科学省のみが担うわけではない。他省庁の政策にも教育にかかわるものがある。また範囲としては国家レベルのものばかりではなく、地方公共団体の教育委員会や、首長（知事・市長ら）部局などによって遂行されるものもある。

教育政策はしばしば教育の当事者の意向とは関係なく、あるいは時にはそれと対立するような形で、策定・実施されることがある。したがって多くの場合、教育の当事者には、政策を政治や行政の専

管事項と考えて、常にそれに対抗的で批判的な立場をとっていればよいとの考え方も根強い。

この節では、これからの時代や社会の教育を作り上げてゆくためには、これまでの「政策」の考え方を改めることが必要であることを提案する。そのため、まず教育政策の世界的な動向について、大きな2つの特徴を確認する。さらにその1つである「分権化」政策について、日本におけるその展開と意味を検討する。そしてその上で、今後教育政策の持続可能性を高めるための方策を考える。

2．教育政策の世界的動向

国際的な教育政策動向の2つの特徴

教育政策の国際的な共通化の方向性については、大きく2つの特徴を認めることができる。

第1は、教育・学習の成果の水準や質の向上が目指されている。特に焦点化されているのは、初等中等教育のそれである。ただし最近では、高等教育の質や学習成果についても注目が集まっている。いずれにせよその成果とは、典型的にはふつう「学力」という言葉で表される。しかし必ずしもそればかりではない。広く考えれば、この教育・学習の成果には、社会の一員としての市民的な規律や道徳性、国民としてのアイデンティティの育成なども含まれる場合がある。「学力」向上政策の大きな目的の一つが、国家・社会の発展や競争力の増強にあるとすれば、そうした側面の成果についても期待が集まるのは当然である。

第2は、そうした「学力」向上という目的を達成するために、教

育の制度や組織を運営する権限を、中央政府などに集権するのではなく、学校や地域社会などできるだけ小規模の単位に「分権化」することである。それによって保護者や住民と、学校や地域社会の教育との間の距離が縮まり、その運営や政策過程に参加しやすくなる。また学校など教育組織の個々の事情に応じた、柔軟な意思決定が行われやすくなる。さらに学校の運営や個々の教育機関の方針が、具体的な姿として周囲に見えやすくなる。それによってアカウンタビリティ（説明責任、結果責任）が明確になる。あるいは保護者や子どもが、自分たちが求める教育を選択しやすくなる。

　この2つの方向性は密接に結びついている。「学力」向上という目的を「分権化」によって達成しようとするのは、それが効率的であると考えられているからである。競争的な環境を作り出し、その中でそれぞれのアクター（組織体や個人）を競い合わせることで、成果が達成できるとの見込みである。競争を促進するために規制を緩和し、アクターの自由度を高めるのである。

　それは一般的には市場原理を優先する考え方（新自由主義ともいわれることもあるが、この用語自体はその概念規定が必ずしも一貫したものとして定着していない）に基づくとされる。ただし、あくまで成果の達成という、目的の枠内での自由競争であるという点で、完全な自由放任主義とは異なる。こうした考え方に基づく公共政策の方向性は、教育に限らず広く社会制度全般に見られる。1980年代半ば以降、先進国を中心に世界的な規模で広がっている動向でもある。

　以下それぞれの方向性の特徴について、より具体的な改革・政策動向に即して見てみよう。

全国的教育目標・基準とテスト

「学力」向上の面では、従来国家レベルでの初等中等教育の基準を持たなかったアメリカやイギリスで、全国的な教育標準の設定や、その成果を検証するための共通テストの制度化が進んでいる。

例えばアメリカでは、1983年に連邦政府の報告書『危機に立つ国家』（*A Nation at Risk*）が衝撃的な反響を呼んで以来、アカデミックな教科を中心とした「学力」水準の向上方策が採られるようになった。それは成績上位者のみならず、生徒全体の成績向上を、底上げ的に目指すものである。その後、幾度か政権が交替しても、現在まで基本的にこの方針は受け継がれてきている。

アメリカでは連邦憲法の規定上、教育行政の責任は州政府が担うことになっている。しかし20世紀の後半から、特に教育財政を中心として連邦政府の影響力が強まっている。最近の改革においても、連邦政府が主導しながら各州が具体的な教育目標や標準を設定し、共通テストの実施に精力的に取り組んでいる。2001年には、連邦議会で「すべての子どもの学力向上」（No Child Left Behind = NCLB）をうたった、初等中等教育法の改正案が成立した。ここでも各州が設定した学力標準の達成度を、共通テストなどによって測定し、未達成の場合には厳しい改善策が求められることになっている。

イギリスでは1988年の教育改革法の成立後、全国カリキュラムが導入された。そしてその達成度を測定する全国テストが実施されてきている。その結果は毎年公表され、関係者の厳しい注目にさらされている。またドイツでも1990年代の末以降、国際学力調査における成績不振を受けて、全国的な教育標準の設定や、テストの実

施についての取り組みが始まっている。

創造的・実践的「学力」の育成

　一方、フランスではこれまで日本と同じように、国が初等中等教育の基準を定めていた。1980年代末から教育水準の向上を目指す改革が進められているが、どちらかといえば、従来の画一的な教育を反省して、個々の子どもに対応した多様化や弾力化が目指されている。それでも同時に基礎学力の向上にも積極的であり、とりわけ中等教育の学習成果の全般的向上が目指されている。

　また中国や韓国など東アジアの国々では、これまでの国家的な努力の結果としての学力水準の向上を踏まえた上で、画一的な教育や受験競争の実態への反省がなされている。そして教育の多様化が志向され、創造性や実践的能力、生活体験に重点をおいた教育・学習成果が目指されている。

　日本については、第1節にて学習指導要領改訂の動向を確認した。基調としてはフランスや中国・韓国などと軌を一にするものである。しかしそれに加えて、最近では基礎的・基本的な知識や技能の習得についても、いっそう強調されるようになっていることは、すでに見た通りである。

　このように従来、国家的な教育目標や基準を定めていた諸国では、教育の画一性を反省して、多様化や創造的・実践的学力の育成を目指す傾向にある。逆にそれまで個々の地域社会や学校で、各々の状況や子どもの実態に合わせた教育に重点を置いていた国々では、アカデミックな教科を中心として教育基準を国家的に定め、それを達成する積極的な努力をしている。いずれにせよ世界的な動向として

見ると、それぞれの国の過去と現状を反省しながらも、いずれも共に基礎的学力やアカデミックな教科の教育・学習成果と、創造的・実践的な能力の育成を共に目指している。その意味で世界の「学力」向上政策は、その達成目標が共通化しているということができる。

「分権化」とアカウンタビリティの確保

一方、政策動向のもう一つの特徴である「分権化」についても、それぞれの国によって、もともとの教育行政のしくみは異なっていた。日本のように中央集権的な国もあれば、アメリカやイギリスのように伝統的に地方分権的であったところもある。そのいずれにおいても、基本的には、行政的な権限の単位をより小規模化し、個々の学校に運営上のさまざまな権限を集約する傾向が見られる。

例えばアメリカやイギリスでも最近、各学校の運営上の裁量権を一段と強める方策が採られている。これは全国的な基準の設定と、一見裏腹であるようにも見える。しかしこれまでの地方教育行政機関について、特に官僚制の弊害によって、効率性の観点からすると、うまく機能していないとの批判が強い。そうしたことから、学校単位の小規模組織による自主的な運営の方が効率的であると考えられている。またそれによって、保護者や地域住民の運営参画が促進されることになる。

アメリカではSBM (School Based Management) という方式がある。教職員の人事や予算の執行、カリキュラムや指導法に関する権限を、個々の学校に委ねるものである。また公設民営の学校運営方式として知られるチャータースクールも普及しつつある。これは保護者や子ども、地域の有志などが、独自の理念や目標を掲げて学校の設立

を試み、州や地域の教育委員会が認可すれば（契約が成立すれば）、設立・運営のための公費が支給される。そして一定期間内に評価が行われ、設定目標に応じた成果の達成度によって、契約更新か、廃校かが決定されることになる。

　イギリスでも、SBM に類似した LMS（Local Management of Schools）という方式がとられている。予算執行や教職員人事をはじめとして、意思決定機関としての学校理事会と、執行機関の責任者としての学校長に大幅な権限が委ねられるようになっている。またドイツでも、最近の「学力」向上政策の中で、やはり学校の裁量権を高める動きがある。さらに韓国でも、1990 年代の半ば以降、全国の公立の初等中等学校で、学校運営委員会が設置されるようになっている。これは保護者や地域住民、教員から構成され、学校の財政、カリキュラム関係、校長・教員の採用人事（推薦・選考）などの重要事項について審議し、校長に提言するものである。

3．日本における「分権化」と「政策」概念の転換

日本における「分権化」

　日本でも、第 1 節で見たように、改正された教育基本法において「国と地方の適切な役割分担及び相互の協力の下」での教育行政（第 16 条）がうたわれることになった。これに関連して、地方教育行政の責任の明確化や組織の弾力化、さらに各学校の自律的で機能的な組織運営や、指導の体制づくりを意図した法改正が行われてきている。基本的には諸外国の動向の影響を受けて、各学校の運営上の自主性・自律性を確立するための行政的な環境整備が目指されている。

特に学校裁量の拡大のために、学校管理に関する教育委員会の関与を縮減したり、学校予算における学校や校長の裁量を拡大する取り組みが進んでいる。それによって校長を中心とした、戦略的で機能的な学校運営の実現が目指されているのである。

　こうした学校運営における校長のリーダシップを支えるために、副校長、主幹教諭、指導教諭という新たな職が設置されることになった。これは 2008 年度から、各教育委員会の判断により可能となったものである。副校長は教頭より上位の管理職で、校長から任された校務を自らの権限で処理することができる。また主幹教諭は、担当する校務について一定の責任を持ち、他の教諭に指示することができる。指導教諭は、自ら授業を担当しながら他の教職員への指導・助言を行う。

学校評価と組織運営参加

　さらに学校の自主性・自律性の確立のためには、その活動を点検し検証するための学校評価が欠かせない。2002 年には小学校設置基準などにおいて、学校の自己点検・評価は努力義務とされていたが、2007 年の学校教育法および同施行規則の改正によって、各学校は学校評価を行い、その結果に基づいて運営の改善を図ることや、保護者らへ積極的に情報を提供することが規定された。各学校では、2008 年度末までに自己評価の実施および公表などを行うことが求められている。また文部科学省では、義務教育諸学校および高等学校について「学校評価ガイドライン」を示している。

　「分権化」とアカウンタビリティの明確化は、行政や教職員に専有されがちであった学校運営への参画を、保護者や地域住民など学

校に関係するステイクホルダーに開くことも要請する。

　その一つの仕組みが学校評議員制度である。これは、2000年の学校教育法施行規則によって設置が可能になった。保護者や地域住民が、校長の求めに応じて学校運営に関する意見を述べる制度である。このほかに、より積極的な参画を可能にする学校運営協議会制度（コミュニティ・スクール）がある。2004年の「地方教育行政の組織及び運営に関する法律」の改正によって、翌年4月から設置できることになった。保護者・地域住民等が委員として、一定の権限を持って合議体（学校運営協議会）を構成し、学校運営の基本方針を承認する。また運営に関する事項や教職員に任用について意見を述べることができる。これまでの行政や学校管理職主導ではなく、教職員、保護者、地域住民など関係者のさまざまな意向を生かした学校作りの仕組みである。

中央政府の統制を伴った「分権化」

　繰り返しになるが、こうした分権化は「学力」向上政策を達成するための効率的な手段として位置づけられている。「学力」向上の目標や基準は、全国もしくは州などの広域レベルで、共通に設定されるのが一般的である。そしてその達成が、より小規模の地域や学校単位の裁量や自主的な取り組みに委ねられる。ただしその権限は、共通に設定された目標や基準について、競争的な環境の中で、測定可能な成果を挙げなければならない、という条件の下で確保されたものである。したがって「分権化」は、評価の制度化やアカウンタビリティの明確化と不可分の関係にある。

　現在の政策動向が市場原理を優先するものであることは、前に指

摘した。しかし「分権化」政策は、このように中央政府などの目標・基準設定の下での評価とアカウンテビリティを前提とする。したがって現在の「分権化」は、言葉の単純な意味におけるそれとはニュアンスを異にする。市場原理や競争的環境自体が、中央政府などによる統制の下に設定されている。少なくとも現在の教育政策における分権化は、中央政府の統制の下に行われる分権というのが正確である。

「政策」観と「分権化」

それでも日本のように、伝統的に中央集権的な教育行政が支配的であった国では、「分権化」の持つ意義は小さくない。特にそれは政策の内容そのものについてもさることながら、この政策自体が従来の政策についての考え方の転換を促す可能性を持っているからである。すなわちこれまで述べてきたように、日本では（教育）政策が政治や行政に専有され、主導される傾向が強かった。そのため政策の実施に実質的にかかわるはずの教職員など、教育の当事者や保護者や地域住民、また専門的研究者などの教育の関係者が、政策策定に参画する機会がまれであった。そして政策過程と学校などの教育実践の場の間には、深い溝や対抗的な関係が根強かった。

ところが「分権化」によって、制度としての教育にかかわる組織運営の単位が小規模化される。そしてその運営には、教育の当事者や関係者の参画が促される。すなわち個々の学校にとって、その教育活動と組織の運営に関する意思決定の権限が拡大する。さらにその意思決定過程においては、関連するステイクホルダー間の利害や意向を適切に調整することが求められる。もちろんそのステイクホ

ルダーには、中央政府の統制など公共政策的な要素も含まれる。ただしそれぞれの学校では、それぞれの事情に応じた運営の方針＝ポリシーを策定し、実施する必要性が増大するのである。

ポリシーとしての政策

　日本語の「政策」にあたる英語「policy」の原義は、行動や意思決定の際の「方針」（アイディアやプラン、原則など）を意味する。もちろん英語においても、政治や経済、経営などにかかわる文脈で用いられることが多い。それでも一般的に日本語の「政策」よりは広く、個々の組織や個人の行動における「方針」としても用いられる。したがってこれにならって、教育政策を教育に関するポリシー、すなわちある程度の一貫性や、まとまりを保った教育の方針という意味で、広くとらえることも可能であろう。そしてそうしたとらえ方が「分権化」の動向の中で求められている。

　考えてみれば、学校の組織運営のみならず、教育活動・実践そのものが、さまざまな状況の下における意思決定や、判断の連鎖の中で進められていると見ることができる。どのような教育や学習の成果を子どもに達成させるのか、そのために適切な条件（内容、方法、組織、しくみ、環境など）として何を選び、整えてゆくのか。個々の教師の活動自体が、意思決定の連鎖とそれらの反省に基づく新たな意思決定によって進んでゆく。学校の組織運営自体も、そうした実践的な意思決定の連鎖と連動するものでなければならないであろう。そのためには「政策」を教育活動にとって外在的なものとしてとらえるのではなく、教育の当事者や関係者のそれぞれが、教育にかかわるさまざまなレベルの政策過程に参画してゆくことが、今後

ますます必要になってくるのである。

4．教育政策の持続可能性

教育改革の長期化

　すでに見てきたように、現在の日本の教育改革はすでに20年間以上の長期にわたって継続されている。日本だけでなく、今、世界的に進行している教育改革動向も長期化している。

　世界的な動向として、改革・政策の方向性に共通する特徴が読み取れることを指摘してきた。しかしこれが一連の改革を終結に向かわせる、決定的な方向性であるかどうかは定かではない。これまで改革が長期化してきたのは、政策の見通しが必ずしも明確でない中で試行錯誤を繰り返したり、社会からの要請に翻弄されている部分も否めないのではないか。

　例えば第1節で、学習指導要領の改訂の変遷を見てきた。ほぼ10年ごとに改訂されてきている。しかしながら小学校から高等学校までは12年間である。通常子どもは学校生活の中で、少なくとも1度は改訂を経験することになる。また改訂の際には、大きな方針転換が試みられることも少なくない。そうした方針転換自体が、子どもの教育や学習に対して悪影響を与えるということはないのだろうか。また教育課程実施調査なども行われているとはいえ、果たして10年間という実施期間で、改訂による教育・学習成果の検証は十分に可能なのであろうか。

　同じく、前に「ゆとり」批判のところでも見てきたことであるが、学習指導要領の方針が、改訂実施直後に急きょ軌道修正されること

もあった。マスコミ報道や一部の研究者の発言に影響を受けた、世論の変化に対応するものであった。社会の変化に柔軟に対応することは大切である。しかしこれもまた、その措置は政策の見通しやそれを裏づける検証を伴っていたのだろうか。

教育改革が繰り返されるのはなぜか

このように教育改革が繰り返されるのはなぜか。それには、さまざまな理由があるだろう。

社会の変動が激しくその時々に対応が求められる、あるいは、教育にかかわるステイクホルダー間の対立が激しく調整が困難である。また、教育・学習の成果をきちんと測定するためにはさまざまな困難が伴うため、改革の結果が確認されないまま次の方策に関心が移る、などである。

しかしながらいずれにせよ、結局は、改革の背景にある教育政策が一貫性を持つことができていないことに大きな問題がある。教育・学習の成果は、例えば知識の機械的な習得など、短期的な範囲で測定することが可能なものもある。しかし多くの場合、成果の定着や応用の可能性まで含めて評価をするためには、比較的長期間の、場合によっては生涯にわたる検証が必要である。

したがって教育政策は、公共政策の中でもとりわけ持続可能性の高い、一貫性と整合性のあるものとして、安定的に策定される必要がある。そうでないと改革・政策は、一時的な世論の熱狂や政治的な恣意などに左右されやすくなる。それによってますます、政策や改革の将来的な見通しが立たなくなる。先が見えない中での試行錯誤が続くのである。悪循環である。

このことは教育政策や改革が世論や政治とは無関係に、それらから独立して自立的に働くべきだということを意味しない。逆に言えば、政策や改革の策定に、長期的な視野で世論や政治の意向をきちんと見据えないからこそ、それらの一時的な熱狂に左右される結果を招くのである。教育政策・改革の策定・実施には、それにかかわるステイクホルダーの意向を見きわめつつ、現況についての正確な把握と、目的と手段の整合性や、実施の成果に関する理論的な推測が必要である。

　こうしたことを確認した上で、これらの政策過程に重要な観点として、2つのことを指摘しておきたい。第1は、政策過程に戦略的思考を取り入れることである。第2は、教育学がそうした思考法を含めて、政策過程にその学問的手法と理論的根拠を積極的に提供することである。

戦略としての教育

　戦略という概念は、元は軍事用語であるが、最近では経営学をはじめとする社会科学においても多用されている。論者や文脈によってその用い方はさまざまであるが、一般的にはある組織体が競争的な環境の中で、持続的な優位性を保つための方略を指す。そしてそれは意思決定の連鎖過程でもある。他の組織体を含む（利害）関係者がどのように行動するのかということを見定めた上で、自らの目標達成のために、最適な意思決定と手段の選択を行うことである。そしてその決定と選択が結果的に適切であったかどうか、すなわち持続的な優位性を保つことができたのかどうかを自ら検証した上で、新たな意思決定と手段の選択が行われる。

教育活動は、意思決定や手段選択の連鎖として進行する。したがって教育そのものを、戦略的な思考に基づく活動であるととらえることが可能である。すなわち「教育」という様式は、このように教育をしよう、このような学習成果を得たいという意思（目標設定）の下で、適切な手段を選ぶことで実行される。その際には、その意思や目標をやみくもに実行しようとするのではなく、教育の対象である学習者（子ども）の状況や興味・関心をはじめとして、例えば保護者の意向や社会の要請、学校や地域の学習環境など教育にかかわるさまざまな要因や作用を勘案に入れた上で、その目標が達成されるような決定や手段が求められるのである。そしてそれは、個々の教員の教育活動に始まり、組織としての学校における教育、あるいは制度としての地域や国家における教育という、さまざまなレベルにおいて展開されるものである。

戦略と理念

　教育は個人としても社会としても、人間の人生・生活や将来を左右する高尚な活動であり、崇高な使命を持っているという考えがある。そうした観点からは、教育活動に戦略を見てとる立場は違和感をもってとらえられ、場合によっては批判の対象にされるかもしれない。

　教育にはどのような状況にも揺るがない理念が大切であり、それは教育に固有の価値や論理の中から構築されるべきである。政治や経済など教育とは異なる領域の状況や要請は勘案するべきではなく、あえてそれらから距離をおくべきである。教育の独自の理念の追求と実現こそが、教師をはじめとする教育関係者に求められている。

従来、教育学にはこうした考え方が強かった。

そのため政治や経済からの教育への期待や要請、さらにはそうしたものからの影響を受けやすいと思われる教育行政とその政策は、教師の活動や教育学の研究とは対立的にとらえられることになる。そして実際に、教員組合をはじめとする教員集団や、学会などの教育研究団体は、教育行政やその政策に対して対抗的な関係に、自らを位置づける傾向が強かった。

ところで、教育固有の価値や論理として強調されるのは、子どもの健全な発達や幸福でよりよい生活の実現などとされることが多い。しかし子どもの発達や生活は、真空状態の中で進んでゆくわけではない。また何が「健全」「幸せ」で、何がより「よい」のかということも、具体的に意見の一致を見ることは簡単ではない。子どもの発達も教育の価値も、政治や経済をはじめとする複雑な諸関係が絡み合いながら変動する社会的な状況の中に規定されるのである。

最近では、教育学が教育固有の価値や論理に固執するあまり、教育の社会的な関係に関する視野を、十分に持てずにきていることが自己反省・批判されるようになっている。また教員集団や教育研究団体が、教育行政やその政策に対して、対抗的なスタンスを取っていたこと自体が、実は当時の政治的・社会的状況の反映であったことも自覚されるようになってきている。

個人と社会の将来にかかる教育には、もちろん気高い理念が大切である。しかし理念にしても政策にしても、それを具体的な状況や利害関係の中でいかにして実現できるのかということを考えなくては、持続可能性の高いものにならない。それどころか、実現自体が困難になるだろう。そのためには、さまざまなレベルの教育活動の

ポリシーにおいて、戦略的思考を活用することが重要になる。そして現在の「分権化」の動向は、そうした方向に進むための絶好の機会を提供している。

5．証拠に基づく教育政策

アカウンタビリティと政策科学

　持続可能性の高い戦略的な政策過程には、教育学による適切な裏づけが必要である。

　最近の公共政策においては、アカウンタビリティの重視に伴って、政策過程を科学的に裏づけることが基本となっている。PDS（Plan-Do-See：計画－実行－評価）もしくは PDCA（Plan-Do-Check-Act：計画－実行－点検－改善）というマネジメント・サイクルを、政策過程に適用してまとめられることが多いが、政策の立案（策定・決定）－実施－点検・評価－改善（再立案）という過程を、科学的な手法と知見によって支援することが求められている。とりわけ最近では、政策の科学的評価に関する関心が高い。それには特に、2002年「行政機関が行う政策の評価に関する法律」（政策評価法）の制定以降、制度として位置づけられたことも大きく影響している。

　これまで繰り返し触れてきたように、従来の教育学は、教育政策に対立的・批判的立場をとる傾向が強かった。しかしながら今後は、政策科学的な要素や視点を教育学にも採用する必要がある。もちろんそれは、政治や行政の主導による教育政策に無批判であれ、ということを意味しない。当然のことながら政策評価には、批判的な視点が欠かせない。政策の持続可能性を高めるためには、批判的評価

が欠かせない。ただしそれは、よりよい政策過程を共に作り上げてゆくために行われる、積極的・生産的な批判や評価であることが求められる。

証拠に基づく教育

　政策科学を重視する動向の一環として、最近、イギリス、アメリカ、カナダなどをはじめとして、「証拠（根拠）に基づく」(evidence-based)政策や実践の重要性が強く主張されている。この考え方は、元は医療分野において医学の科学的、実証的研究成果に基づく実践（診療）の必要性が訴えられたことに端を発している。それが現在、教育の分野にも適用され始めている。教育の実践や政策について、それが学問的な証拠・根拠に基づくことが求められているのである。

　特に教育政策におけるアカウンタビリティの重視に伴って、「分権化」によって多くの権限を移譲された各学校は、予算配分や学校の存続自体をはじめとして厳しい成果主義にさらされることになる。そしてその成果は、科学的・実証的に検証（証拠を明らかに）される。その検証に基づいて、改善のためのポリシーを策定することが求められるのである。例えばアメリカのNCLB法に基づく教育改革・政策でも、科学的根拠に基づいた教育の必要性が強調されている。

　ただし、しばしば誤解されるのだが、この証拠とは統計的・数値的データそのものではないということに注意が必要である。成果主義では、数値目標が立てられ、それがどの程度達成されたのかが検証されることが多い。一見、数値目標の検証は客観的であるし、計測が容易だからである。

　しかしながら第1節でも指摘したように、調査が示すデータ、例

えば PISA などの学力調査の得点や世界的順位そのものは、教育・学習事象の一部を示す値にすぎない。読解力の順位低下が何を意味し、何を原因とするのか、調査が計測している「学力」とはどのようなものか。それらについての理論的な説明を伴わなければ、数値データ自体は「証拠」とはならないのである。

　また今後の政策の策定についても、どのような教育・学習の成果を目指すのか、ということは価値選択の問題でもある。その選択は、科学（的データや理論）によって裏づけられる必要がある。しかし選択そのものは、何を重視するかという思想や哲学の問題である。教育活動における多様なレベルの意思決定の連鎖、すなわち政策・ポリシーの策定・実施・検証の過程は、科学的実証・実験による知見や理論と、思想・哲学による知恵に支えられねばならないことを強調しておきたい。

【文献】

大桃敏行ほか編『教育改革の国際比較』ミネルヴァ書房、2007年

海老原治善『現代日本教育政策史』三一書房、1965年

黒崎勲『教育行政学』岩波書店、1999年

後藤和子編『文化政策学―法・経済・マネジメント［第5刷］』有斐閣、2001年

小松茂久『学校改革のゆくえ―教育行政と学校経営の現状・改革・課題［改訂版］』昭和堂、2005年

堤清二・橋爪大三郎『選択・責任・連帯の教育改革［完全版］―学校の機能回復をめざして』勁草書房、1999年

本間政雄・高橋誠編著『諸外国の教育改革──世界の教育潮流を読む主要6か国の最新動向』ぎょうせい、2000年

宗像誠也『教育と教育政策』岩波新書、1961年

嶺井正也『現代教育政策論の焦点』八月書館、2005年

宮川公男『政策科学入門 [第2版]』東洋経済新報社、2002年

Bransford, John ed.; *The Role of Research in Educational Improvement,* Cambridge: Harvard Education Press, 2009

Bridges, David, et al. ed.; *Evidence-Based Education Policy: What Evidence? What Basis? Whose Policy?* West Sussex: Wiley-Blackwell, 2009

Hess, Frederic M.ed.; *When Research Matters: How Scholarship Influences Education Policy,* Cambridge: Harvard Education Press, 2008

【監修者紹介】

原　聡介（はら・そうすけ）
　1935年生まれ
　東京学芸大学名誉教授
現在　有明教育芸術短期大学副学長

【編著者紹介】

田中　智志（たなか・さとし）
　1958年生まれ
　1991年早稲田大学大学院文学研究科博士後期課程満期退学
現在　東京大学大学院教育学研究科教授
専攻　教育学（教育思想史・教育臨床学）
主要著書　『キーワード 現代の教育学』（共編著）東京大学出版会
　　　　　『社会性概念の構築―アメリカ進歩主義教育の概念史』東信堂
　　　　　『学びを支える活動へ―存在論の深みから』（編著）東信堂

【執筆者紹介】

高橋　勝（たかはし・まさる）
　1946 年生まれ
　東京教育大学大学院教育学研究科博士課程修了
現在　横浜国立大学教育人間科学部教授
専攻　教育哲学、教育人間学
主要著書　『経験のメタモルフォーゼ─〈自己変成〉の教育人間学』勁草
　　　　書房

森田　伸子（もりた・のぶこ）
　1945 年生まれ
　東京大学大学院教育学研究科博士課程中退
現在　日本女子大学人間社会学部教授
専攻　教育思想史（フランス）
主要著書　『文字の経験─読むことと書くことの思想史』勁草書房

松浦　良充（まつうら・よしみつ）
　1958 年生まれ
　国際基督教大学大学院教育学研究科博士後期課程在学要件満了
現在　慶應義塾大学文学部教授
専攻　比較教育学　大学・高等教育研究
主要著書　『「教育」を問う教育学』（共著）慶應義塾大学出版会

教育学の基礎

2011年3月10日　　初版印刷
2011年3月15日　　初版発行

監修者　原　　聡　介
編　者　田　中　智　志
発行者　菊　池　公　男

一藝社

〒160-0022 東京都新宿区新宿1丁目6番11号
TEL.03-5312-8890 FAX.03-5312-8895
振替　東京　00180-5-350802
e-mail:info@ichigeisha.co.jp
website:http://www.ichigeisha.co.jp

落丁・乱丁本はお取り替えいたします。　　印刷・製本／㈱亜細亜印刷
Ⓒ Satoshi Tanaka 2011 Printed in Japan ISBN978-4-86359-027-4 C3037

一藝社の本

子ども学講座［全5巻］
林 邦雄・谷田貝公昭◆監修

《今日最大のテーマの一つ「子育て」——
子どもを取り巻く現状や、あるべき姿についてやさしく論述》

---

1 子どもと生活
西方 毅・本間玖美子◆編著

A5判　並製　224頁　定価（本体1,800円＋税）　ISBN 978-4-86359-007-6

2 子どもと文化
村越 晃・今井田道子・小菅知三◆編著

A5判　並製　224頁　定価（本体1,800円＋税）　ISBN 978-4-86359-008-3

3 子どもと環境
前林清和・嶋﨑博嗣◆編著

A5判　並製　216頁　定価（本体1,800円＋税）　ISBN 978-4-86359-009-0

4 子どもと福祉
髙玉和子・高橋弥生◆編著

A5判　並製　224頁　定価（本体1,800円＋税）　ISBN 978-4-86359-010-6

5 子どもと教育
中野由美子・大沢 裕◆編著

A5判　並製　224頁　定価（本体1,800円＋税）　ISBN 978-4-86359-011-3

ご注文は最寄りの書店または小社営業部まで。小社ホームページからもご注文いただけます。